Norbert Dudek/Jeremias Müller

Glauben feiern mit Symbolen

Norbert Dudek/Jeremias Müller

Glauben feiern mit Symbolen

Gottesdienste, Gruppenstunden, Aktionen

Mit CD-ROM

HERDER

FREIBURG · BASEL · WIEN

www.herder.de

Umschlaggestaltung: Finken & Bumiller
Umschlagmotiv: photocase4ezya8q92

Satz und CD-ROM-Gestaltung: SatzWeise, Föhren
Herstellung: fgb · freiburger graphische betriebe
www.fgb.de

Gedruckt auf umweltfreundlichem, chlorfrei gebleichtem Papier
Printed in Germany

ISBN 978-3-451-32701-8

Inhalt

Vorwort

Nehmen wir mal einen Stern. Wie sieht der noch gleich aus? Gelb … oder rot? Zackig oder eher rund? Wie sieht er in Ihrer Fantasie aus? Das Aussehen ist das eine, aber da gibt es noch das Andere. Was fällt Ihnen noch ein, wenn Sie an einen Stern denken?
IIm christlichen Umfeld fällt vielen bei »Stern« zum Beispiel »Weihnachten« ein. Es gibt eine ganze Menge in unserer Welt, das in uns solche Erinnerungen weckt, geheimnisvoll anspricht oder große Bilder hervorruft. Jesus hat sich in seiner Welt umgeschaut und ebenfalls viele dieser Bilder, Symbole und Vergleiche gefunden. Er hat mit ihnen Gottes Wirklichkeit beschrieben und die Leute angesprochen. In der Geschichte der Kirche haben das immer wieder Menschen aufgegriffen und so den Glauben ihrer Zeit und mit den Zeichen ihrer Zeit formuliert.

Dieses Buch knüpft daran an und möchte Sie ermutigen, mit der spannenden Welt der Zeichen und Symbole umzugehen – wie Jesus. Der religiöse Umgang mit Zeichen ist natürlich schon viel älter. So wird zum Beispiel schon der jüdische Ruhetag, der Sabbat, als ein Zeichen betrachtet, »denn das ist ein Zeichen zwischen mir und euch von Generation zu Generation, damit man erkennt, dass ich, der Herr, es bin, der euch heiligt!« (Ex 31,13). Wir glauben, dass bis heute Gott zu uns durch Zeichen sprechen kann. Dabei haben wir einen sehr weiten Begriff von Zeichen, den wir Ihnen im ersten Abschnitt dieses Buches zunächst näherbringen wollen.
Der zweite Abschnitt ist ganz den 44 Gestaltbausteinen gewidmet. Zeichen und zeichenhaftes Handeln stehen im Mittelpunkt dieser Bausteine, die immer in einem gottes-

dienstlichen Rahmen eingefasst sind. Es wird sich für Sie lohnen, in diesem praktischen Teil des Handbuches zu stöbern und damit zu arbeiten. Bei der Zusammenstellung haben wir versucht, uns wie Jesus in der Alltagswelt umzuschauen. Wir haben dabei vieles entdeckt, das hilft, Glauben zu beschreiben und zu feiern. Das stellen wir Ihnen vor. Warum uns dabei zum Beispiel ein Küchenschrank eingefallen ist, erfahren Sie in der Einleitung zu den Bausteinen. Unseren katholischen Hintergrund merkt man manchen Vorschlägen sicherlich an, zum Beispiel da, wo von »Eucharistie« (↗G) oder »Anbetung« die Rede ist. Wir sind aber davon überzeugt, dass unsere Bausteine auch gut im ökumenischen Kontext eingesetzt werden können. Wenige Ausnahmen ausgenommen.
Dass dieses Arbeitsbuch ganz praktisch aufgebaut und leicht verständlich ist, werden Sie rasch erkennen. Das ausführliche Register erleichtert Ihnen den Zugang anhand von Schlagwörtern oder Bibelstellen. Schwierige Begriffe werden zudem mit der Abkürzung **(↗G)** auf das Glossar verwiesen und dort erklärt. Die beiliegende CD erleichtert Ihnen die Arbeit, indem Sie alle Bausteine und Abläufe einzeln ausdrucken oder in andere Dokumente kopieren können.

Die Autoren

Zur Klärung

Zeichen, Symbole, Sakramente

Eine kleine Einführung

Der Mensch braucht Zeichen. Er braucht sie in der Kommunikation untereinander, aber auch mit Gott. Diesem Grundgedanken wollen wir folgen und ihn in den Gestaltbausteinen im nächsten Kapitel konkret werden lassen. Bevor wir uns aber diesen praktischen Ideen zuwenden wollen, gibt es etwas zu klären. Die Frage ist nämlich: Was meinen wir, wenn wir von »Zeichen« oder »Symbolen« sprechen? Häufig werden die Begriffe »Zeichen« und »Symbol« im gleichen Sinne benutzt. In der Theologie werden sie jedoch unterschieden. Es lohnt sich, dieser Sache auf den Grund zu gehen. Dabei wollen wir Ihnen helfen, die einzelnen »Zeichen« und ihre Sprache in den Gestaltbausteinen besser zu verstehen – und entsprechend einzusetzen.
Jede Erklärung muss den Missverständnissen begegnen, die sich aus der Ähnlichkeit der verwandten Begriffe ergeben. Schon in den antiken Sprachen waren die Ausdrücke »Zeichen« (griechisch »semeíon«, lateinisch »signum«) und »Symbol« (griechisch »sýmbolon«, lateinisch »symbolum«) eng verwandt. Wo also liegt der Unterschied? Zudem wird auch der Begriff »Allegorie« (»Ausdruck für etwas anderes«) oft gleichbedeutend mit »Symbol« verwendet. Besonders schwierig wird es, wenn ein Zeichen theologisch als »Sakrament« gedeutet und so bezeichnet wird. Wir wagen den Versuch, etwas Licht in diese undurchsichtig scheinende Begriffsvielfalt zu bringen. Dabei geht es uns nicht so sehr um eine wissenschaftliche Untersuchung, sondern um eine Hilfe, in der Praxis Zeichen zu verstehen und zu verwenden, gerade dann, wenn man sie im Sprachgebrauch oft durcheinanderwirbelt. Dabei halten wir uns nun an sechs verschiedenen Begriffen als Orientierungspunkten fest. Die Begriffe sind:
Zeichen – Metapher – Symbol – Allegorie – Ikone – Sakrament

Das Zeichen

Die Beschäftigung mit Zeichen und ihrer Deutung ist freilich nicht auf die Bibel beschränkt. Schon antike Denker befassten sich mit der Frage nach der Bedeutung von »Zeichen«. Nach Aristoteles (385–322 v.Chr.) verweist ein »Zeichen« (Symbolon) auf einen Zustand, ein Gefühl oder ein Ereignis, was es selbst nicht ist und dieses auch nicht wirklich in seiner Tiefenbedeutung vertreten kann. So waren für den großen Philosophen Aristoteles Wörter »bloße Zeichen«. Ein Beispiel zum Verständnis: Das Wort »Sonne« beschreibt das, was wir als Sonne (Wärme, Licht) wahrnehmen, aber es ist nicht schon die Sonne an sich. Es ist nur ein Wort, ein Begriff. Begriffe geben uns die Möglichkeit, die Bedeutung von Dingen gedanklich zu erfassen, können aber noch nicht die dahinter stehende Wirklichkeit ausleuchten.

Der Kirchenvater Augustinus (354–430) knüpft daran an und definiert Zeichen als etwas, das sich den Sinnen zeigt und dadurch etwas anderes ins Denken treten lässt. Wörter gehören auch für ihn zur wichtigsten Gruppe der Zeichen. Er unterscheidet zwischen natürlichen Zeichen (signa naturalia; z.B. Rauch als Zeichen für Feuer) und konventionellen Zeichen (signa data; z.B. Wörter). Spätere Denker haben darauf aufmerksam gemacht, dass ein Zeichen nicht unbedingt sinnlich wahrnehmbar sein müsse (Thomas von Aquin, Wilhelm von Ockham). Schon die reine Vorstellung (Idee) des Zeichens reiche aus, um an das Bezeichnete zu denken. Also etwa: Der Gedanke an eine Zitrone reicht aus, um sich die Zitrone als Gegenstand und über diesen Gegenstand sogar deren Wirkung (sauer, bitter) vorstellen zu können. Das ist recht gut nachvollziehbar.

Bis in unsere heutige Zeit versuchten verschiedene Denker, noch genauer zu definieren, was ein Zeichen ist. So unterschied etwa der amerikanische Philosoph C. S. Peirce (1839–1914) zwischen Zeichen, bei denen das Mittel durch das Bezeichnete beeinflusst wird (»index« als indizierte Zeichen, z. B. Rauch – Feuer) und Zeichen, die durch ihre eigene Beschaffenheit zu Zeichen werden (»icon« als ikonisierende Zeichen, z. B. Landkarte – Landschaft) oder schlicht, weil es an Stelle von etwas anderem (im Sinne der Repräsentation) gebraucht wird (»symbol« als symbolisierende Zeichen, z. B. Brot – Leben).

Eine letzter Deutungsversuch sei in unserem Zusammenhang noch angeführt: Gottlob Frege (1848–1925), ein deutscher Philosoph und Mathematiker, unterschied zwischen Zeichen, Sinn und Bedeutung. Bedeutung meint das Bezeichnete, Sinn hingegen die Deutungsleistung des Menschen. So haben z. B. der Morgen- und Abendstern aus Sicht der Astronomen die gleiche Bedeutung (Venus), aber für die Menschen einen jeweils verschiedenen Sinn. Darum gebe es – so Frege – auch keinen »letzten Sinn«, sondern nur Zeichenverweisungen und Deutungsprozesse.

Zeichen könnten also ihren »Sinn« verlieren, d. h. nicht mehr verstanden werden. Wenn das stimmt, muss das Konsequenzen haben für unseren Umgang mit Zeichen. Es führt uns auch zum Anliegen dieses Buches: Weil eben die Zeichen und Symbole der christlichen Liturgie von vielen Menschen der Gegenwart nicht mehr verstanden werden, braucht es moderne, zeitgemäße Zugänge zu ihnen ebenso wie mediale Formen kreativer Vergegenwärtigung.

Die wissenschaftliche Zeichenlehre wird als Semiotik (von griechisch »semeion«) bezeichnet. Sie benutzt den Zeichenbegriff als Grund- und Oberbegriff der Symbole, Signale, Bilder, Spuren usw. So wird etwa theologisch im Rahmen des Zweiten Vatikanischen Konzils (1962–1965) die Kirche als »Zeichen unter den Völkern« verstanden. Sie trägt in ihrer Verkündigung, der Caritas und in ihrem Gottesdienst mit dessen »sinnenfälligen Zeichen« die Botschaft Jesu weiter. Neben den sakramentalen Zeichen gehören noch andere zur liturgischen Entfaltung des zeichenhaften Erlebens hinzu, so unter vielen anderen: Raum, Licht, Gesten, Musik, Weihrauch oder Blumen. Diese sind jedoch nicht immer eindeutig und können missverstanden werden bzw. lenken vom eigentlichen zeichenhaften Handeln ab. Ein Beispiel wäre etwa, wenn auf dem Altar zu viele Blumen stehen, sodass die Schale mit Brot und der Kelch Wein kaum noch zu sehen sind. Wie schon gesagt: Manchmal scheint es so, dass die spirituellen Zeichen, welche die Kirche als ihren sakramentalen Schatz hütet und verwaltet, immer weniger von den Menschen verstanden werden. Auch die Kirche selbst ist als Zeichen davon betroffen. Ein Grund für dieses Unverständnis könnte darin liegen, dass die spirituellen Zeichen zwar einerseits eine Wirklichkeit beschreiben, andererseits aber in metaphorischen Grundzusammenhängen gebraucht werden. Was aber meint der Begriff der »Metapher«?

Die Metapher

Eine Metapher ist ein sprachlicher Ausdruck, bei dem ein Wort oder eine Wortgruppe eine neue Bedeutung bekommt, als ursprünglich vorgesehen war. So meint zum Beispiel die Metapher »Haupt der Familie« eine bestimmte Person im Familienverbund, auf jeden Fall aber nicht einen realen »Kopf« oder etwas Ähnliches. Manchmal versucht man auch, zeitgemäße Begriffe für theologische Inhalte zu finden. So könnte man vom Heiligen Geist als einem »Laufburschen Gottes« sprechen. Auch das ist natürlich »nur« eine Metapher. In Unkenntnis darüber kam es allerdings schon zu Beschwerden bei entsprechenden Stellen

über diese »Verunglimpfung«. Wir merken: Aufklärung ist hilfreich.
In unserem Zusammenhang hilft eine Abgrenzung der Begriffe Metapher und Symbol voneinander weiter (Symbol hier als spirituelles Zeichen verstanden). Metaphern sind aktuell, austauschbar und individuell einsetzbar. Symbole dagegen haben, wie oben beschrieben, im religiösen Zusammenhang einen geradezu ewigen Anspruch als Medium und Beschreibung von Gottes Heilshandeln. Dazu im nächsten Abschnitt noch Näheres. Schon jetzt ein wichtiger Hinweis: Eine Inflation von Symbolen für das Göttliche sollte daher eher vermieden werden, um das Konzentrat, das Wesentliche nicht zu überfrachten. Zu einer Verwendung von Metaphern kann daher (etwa auch in der Sprache der Verkündigung) nur ermutigt werden. Wir haben in den 44 Bausteinen versucht, zum Ausdruck zu bringen, was das im Einzelnen bedeuten kann.

Das Symbol

Wenn wir im Rahmen unseres Werkbuches das Wort »Symbol« verwenden, gebrauchen wir ein griechisches Lehnwort, das Substantiv »sýmbolon« (von »symbállo«, »zusammenbringen, vergleichen, [er-]schließen, interpretieren«). Ursprünglich war gemeint: Es wird etwas zusammengefügt, was eigentlich zusammengehört, etwa zwei Teile einer Münze als Erkennungszeichen. Es geht also immer um das Einswerden oder Zusammenfügen zweier Elemente, die zusammen ein Ganzes ausmachen und wesentlich zusammengehören. Sprachliche Einheiten – also Wörter/Begriffe – werden dem gemeinten Gegenstand zugeordnet. Gleichzeitig bindet das Symbol Bezeichnendes und Bezeichnetes so eng wie möglich zusammen. Das führt zeitweilig fast zu einer Identität (z.B. Sonnenlicht, nur Sinnbild des Lichtes, wird selbst zu Gott; die Schlange bleibt nicht Sinnbild des Bösen, sondern wird selbst das oder der Böse).

Beim Symbol liegt die Betonung also auf dem Zusammenhang des Symbols mit der Wirklichkeit selbst. Das kann so weit gehen, dass das Symbol die einzige angebrachte Möglichkeit ist, die bezeichnete Wirklichkeit oder bestimmte Aspekte dieser Wirklichkeit auszudrücken. Am Beispiel der Wirklichkeit »Gott« wird deutlich, dass dieser sich nur in Symbolen angemessen ausdrücken lässt. Soll Gott zum Ausdruck gebracht werden, braucht es Symbole, die so eng mit dem Gemeinten verbunden sind, dass das Symbol und das Bezeichnete nicht mehr zu trennen sind, z.B. das Dreieck mit dem Auge.

In der Religionswissenschaft bezeichnet deshalb der Begriff »Symbol« Gestalten und Zeichen, in denen die jeweils spezifischen Inhalte einer Religion ihren repräsentativen Ausdruck finden. Jede Form von Kult, also ritueller Handlung, ist immer auch symbolische Handlung. Das Niederlegen eines Kranzes zum Totengedenken ist eine rituelle Handlung, ein politischer Kult. Das Sich-Bekreuzigen mit Weihwasser am Eingang der katholischen Kirchen ist eine rituelle Handlung, Teil eines religiösen Kultes. Interessant ist in diesem Zusammenhang, dass das Wort Symbol (bzw. sýmbolon) durch das Glaubensbekenntnis Einzug in das Christentum genommen hat. Das Credo war das Symbol, das Zeichen und Erkennungszeichen für Christen. Daraus leitet sich die enorme Bedeutung des Credo bei der Tauffeier ab.

Wo es in einer Religion zur Kritik am gegenständlich-kultischen Gebrauch der Symbole und schließlich zum Verzicht auf diesen kommt, verlagert sich der Symbolgebrauch in die Symbolik des Wortes und des heiligen Schrifttums. Die Aufklärung hat viele Symbole und symbolische Handlungen entmystifiziert und damit der Gesellschaft eine Dimension des Lebens entzogen, die ebenso wichtig ist wie das Trinken von Wasser und das Essen von Brot. Solange sich Verliebte für ihre Liebe eine Rose überreichen und diese Rose – selbst im vertrockneten Zustand – noch nach zehn Jahren zum Symbol (mehr als nur ein Zeichen!) der Hingabe und eines Versprechens wird, so lange braucht der Mensch Symbole, die ihm eine andere Dimension von Wirklichkeit erschließen bzw. in Erinnerung rufen. Nichts anderes wollen die Sakramente der Kirche. Sie verweisen durch die Handlung und das Symbol auf eine Wirklichkeit, derer der Mensch bedarf, um die Sinnstiftung seines Lebens zu entdecken und daraus Kraft zu schöpfen für die Lebensgestaltung.

Die Bibel kennt den Begriff des Symbols übrigens nicht. Allerdings zieht sie an vielen Stellen Symbole heran, um ihre Botschaft zu verdeutlichen. Das Spektrum umfasst dabei: Urphänomene (Licht und Finsternis), Naturereignisse (Regenbogen, Sturm), besondere Orte (Berg, Höhle, Wüste; Stadt, Tempel) und Zeiten (Tag, Nacht, Stunde, 40 Tage, 40 Jahre), Pflanzen (Bäume, Blumen) und Tiere (Esel, Fisch) bis hin zu Riten (Beschneidung, Taufgewand), anthropologische Grundkonstellationen (Geburt, Tod, Leid, Freude), soziale und religiöse Typen (Priester, König, Prophet, Lehrer) sowie Institutionen (Schule, Familie).

Diese Symbole hat die Bibel teilweise von den Religionen ihrer Umwelt übernommen. Sie hat aber auch eigene ausgebildet. Im Alten Testament werden wir etwa mit dem Phänomen des »brennenden Dornbusches« konfrontiert, aus dem heraus Mose die Stimme Gottes vernimmt und dieser sich als der »Ich-bin-da«-Gott offenbart. Wir hören vom Exodus und dem »Paschalamm«, das in der Nacht der Befreiung aus Ägypten gebraten und hastig gegessen werden soll. Ein Symbol, das später im Christentum mit Christus selbst in Verbindung gebracht werden wird. Im

Neuen Testament haben wir vor allem das Kreuz, eigentlich eine römische Hinrichtungsform – es wird zum Symbol des Christentums! Wir sprechen vom eucharistischen und ekklesialen (kirchlichen) »Leib Christi«, wissen um die Wundmale Jesu und das leere Grab. Der ganze Mensch ist Symbol Gottes – denn dieser hat ihn ja als sein »Abbild« erschaffen. Dies wird im Neuen Testament zudem auf Christus hin gedeutet und so auf die eigentliche Sinnspitze hin geformt: Der Mensch gewordene Gottessohn Jesus Christus ist das Ur-Bild Gottes (2 Korinther 4,4; Kolosser 1,15; Hebräer 1,3 f.).
Die biblischen Symbole werden also verstanden als Zeichen, die Gott in seiner Schöpfung gesetzt hat, um sich den von ihm angesprochenen Menschen als Schöpfer und Vollender, als Richter und Retter in Erfahrung zu bringen. Sie zielen darauf, dass die Gemeinschaft des Gottesvolkes sich ihren Glauben auf elementare Weise mitteilt, sich immer tiefer als besonders erwählt und mit Gott im Austausch erleben kann. Wenn wir in den weiteren Verlauf der Geschichte blicken, entdecken wir: Der Symbol-Begriff des christlichen Mittelalters resultiert aus dem Zusammenspiel der biblischen Vorstellungen mit dem antiken platonischen Partizipationsgedanken (Abbild als Teilhabe am Urbild). So sind Wirklichkeit und Symbol keine Gegensätze, sondern das Symbol enthält mit einem Mal, was es bezeichnet. Das wird für das Verständnis der Eucharistie (↗G) und speziell für die Lehre der Realpräsenz von großer Bedeutung. Mit dem Vordringen des Christentums in den germanischen Bereich wird dieses Denken allerdings in Frage gestellt. Vertreter des germanischen Realismus stellten in den Abendmahlsstreitigkeiten des 9. und 11. Jahrhunderts das Symbol als bloßes Bild oder Zeichen der Wirklichkeit gegenüber. Im 13. Jahrhundert wurde dann die Theologie des Scholastikers Thomas von Aquin bestimmend. Laut ihm kann der Mensch die Wahrheit der

Dinge nur durch Arbeit seines Verstandes (Begriffsbildung) erreichen. Die Frage, ob die Begriffe Symbole sind, zieht sich durch den vor allem in der scholastischen Theologie des 11.–14. Jahrhunderts geführten sogenannten Universalienstreit (↗G).
Welche Bedeutung haben diese Gedanken nun für unser Anliegen, zumal wir dies alles hier nur anreißen können? Wenn wir ernst nehmen, was wir verkündigen, nämlich dass Gott heute lebendig ist und seine Botschaft für unser Leben Bedeutung hat, dann bleibt der Gebrauch von Symbolen bei unseren Feiern des Glaubens unverzichtbar. Unser kurzer und auch nur punktueller Streifzug in die Geschichte hat gezeigt, dass Symbole mehr sind als bloße Zeichen für etwas anderes. Sie helfen uns, Gott wirklich zu erleben, weil sie selbst wirklich und echt sind. Der Umgang mit Symbolen in der kirchlichen Praxis ist jedoch vielfältig und nicht immer gut durchdacht und geklärt. Die Gefahr besteht, dass gerade religiöse Symbole suggestiv-manipulativ in der Werbung missbraucht werden. Andere nutzen sie in oberflächlichem religiösen Brauchtum, als Symbol-Geröll eines bunten, folkloristischen Treibens. Eine zukünftige Aufgabe wird wohl eine gewisse Form der Wiederentdeckung von Symbolen, eine Art von »Re-Symbolisierung« sein, indem unterschieden wird, was tatsächlich religiöses Symbol ist und was nicht.

Die Allegorie

Bevor wir uns nun dem ausdrücklich theologischen Bereich nähern, ist es hier hilfreich, den schon einmal erwähnten Begriff der Allegorie näher zu erklären. Er wird häufig mit Zeichen und Symbol oder sogar mit Sakrament in einem Atemzug genannt. Es kommt oft zur Verwechslung zwi-

schen Symbol und Allegorie, weil die Allegorie ebenfalls eine unsichtbare Wirklichkeit aufzeigt. Eine Allegorie meint die vom Verstand her nicht unmittelbar fassbare Darstellung eines abstrakten Begriffs in einem Bild. Oft geschieht dies mit Hilfe der Personifikation (Bildende Kunst, Literatur). So wird die Gerechtigkeit (latenisch »iustitia«) allegorisch als Frau mit verbundenen Augen dargestellt, die in ihren Händen eine Waage und ein Schwert hält. Der Allegorie liegen also mehrere interpretationsfähige Einzelelemente zugrunde. Diese Einzelelemente können in sich gesehen wiederum Symbole sein. Vereinfacht lässt sich sagen, dass eine Allegorie mindestens aus zwei Symbolen besteht. Hier stellt sich also mehr der Zusammenhang als bedeutsam heraus. Er eröffnet neue Deutungstiefen, die durch ein einziges Symbol nicht erreicht würden.
Schauen wir uns beispielsweise die zu jeder Krippendarstellung gehörenden Tiere Ochs und Esel an. Zunächst könnte ein bäuerliches Tier wie ein Ochse ganz naheliegend auf die Situation im Stall verweisen, in dem Jesus der Überlieferung nach geboren wurde. Er könnte auch symbolisch für die ärmlichen Verhältnisse stehen, in denen der Heiland zur Welt kam. Der Esel könnte auch als Symbol auf die Reise verweisen, die Josef und Maria auf sich nehmen mussten, um nach Betlehem zu kommen. Viele andere Deutungen aus der Religionswissenschaft ließen sich für beide Tiere getrennt anfügen.
Im unserem biblischen Zusammenhang jedoch erinnern Ochs und Esel an den Abschnitt aus dem Buch Jesaja, in dem es heißt: »Der Ochse kennt seinen Besitzer und der Esel die Krippe seines Herrn; Israel aber hat keine Erkenntnis, mein Volk hat keine Einsicht.«(Jesaja 1,3) Dem apokryphen, d.h. nicht-kanonischen Pseudo-Matthäusevangelium verdanken wir nicht nur diese Deutung, sondern überhaupt die Anwesenheit von Ochs und Esel an der Krippe. Zusammen werden die beiden Tiere also zur Alle-

gorie der Erkenntnis und implizit auch der Uneinsichtigkeit der Menschen. Spätere Deutungen sehen im Ochsen das Volk Israel in Gänze vertreten. Mit dem Esel, die Heiden vertretend, werden sie so zu einer neuen Allegorie, die für die ersten Christen nicht unbedeutend war. Jesus wurde geboren für Juden und Heiden. Beide Gruppen dürfen anbetend kommen, dürfen bleiben und das Wort Gottes »sehen« (vgl. Lukas 2,15).

Die Ikone

Ohne ausführlich auf die Geschichte der Ikonen der orthodoxen Kirchen und deren Liturgie einzugehen, kommen wir jedoch auch nicht ganz um sie herum. Eine Ikone (von griechisch »eikón«) ist ein Abbild oder ein Zeichen, das das Dargestellte vergegenwärtigen soll. Seit dem 5. Jahrhundert ist eine Verwendung von Ikonen als Tafelbildern belegbar. Ihr Platz ist oft in der Abgrenzungswand zwischen Chorraum und Kirchenraum, also in der sogenannten Ikonostase. Die Anordnung der Ikonen in der Ikonostase ist vorgegeben. Thematisch halten sie sich an die Überlieferung der Heiligen Schrift oder der Heiligenlegenden.

In der Orthodoxie wird durch die authentische Abbildung des Heiligen (bzw. die Form der Abbildung, die man für authentisch hält) auf Ikonen die Gegenwart Gottes erfahrbar. Die Verwendung der Ikonen in der orthodoxen Liturgie ist daher streng an die Überlieferung gebunden. Obwohl Kunsthistoriker verschiedene Entwicklungsphasen und Schulen unterscheiden können, erscheinen die Darstellungen unseren Sehgewohnheiten doch eher eintönig, vielleicht sogar langweilig. Zu wenig Überraschungen oder Varianten eines Themas sind in den Ikonen der Jahrhunderte erkennbar. Leichtfertig könnte man versucht sein, sie insgesamt als bloße Kopien von alten Originalen zu bezeichnen. Gerade diese Treue zum Ursprung ist für orthodoxe Christen jedoch notwendig. Je exakter die Vorgaben eingehalten werden, desto wirklicher wird in den Ikonen das Dargestellte bzw. der Glaube selbst. Auch moderne Ikonen sind für sie dann Originale, wenn sie die Überlieferungen einhalten. Für unseren Zusammenhang ist festzuhalten, dass Ikonen demnach wie Symbole zu verstehen sind, die man nicht mehr von der dargestellten Wirklichkeit trennen kann. Das eröffnet uns zwei wichtige Gedanken.

Einerseits birgt der Blick auf die Kultur der Ikonen eine Gefahr. Wenn der symbolisierte Aspekt des Glaubens nur noch in dem bekannten Symbol oder Bild gedacht werden kann, wird Gott damit gleichsam begrenzt. In der Geschichte kam es immer wieder zu extremen Formen der Bilderverehrung, bei denen selbst der Herstellung der Ikonen göttlicher Ursprung zugesprochen wurde. In der Fortführung dieses Gedankens würde dann das Abbild zu einem Abgott, zu einem toten Gegenstand der viel mehr Unähnlichkeit als Ähnlichkeit mit Gott und dem Glauben an ihn hat. Der Tanz um das als göttlich angesehene Goldene Kalb (Exodus 32,1–20) erscheint wie ein Schreckgespenst, wenn die Bedeutung von Symbolen und Bildern für Glaube und Liturgie herausgestellt wird. Wohl deshalb gab es zu jeder Zeit die Mahner und die Zerstörer von Bildern, Symbolen und Ikonen. Im christlichen Kontext wurde zuletzt die Reformation zum Auslöser für Exzesse der Zerstörung von Bildern. Bis heute sind die Folgen dieses sprichwörtlichen »Bildersturms« nicht nur an englischen Kathedralen, sondern vielerorts sichtbar.

Andererseits ist es gut und erstrebenswert, Symbole zu haben oder (neu) zu entdecken, die uns direkt mit dem Gemeinten in Verbindung bringen. Genau das sollen ja Ikonen tun. Hier ist keine Deutung und Erklärung mehr notwendig, weil klar ist, was gemeint ist. Unmittelbar eröffnet uns solch ein Symbol die Welt des Glaubens und die Welt Gottes. In diese Richtung wollen wir weiterdenken.

Das Sakrament

Abschließend – vollends im Begriffsgestrüpp angelangt – ziehen wir noch einmal fest am roten Faden der Begriffe, in der Hoffnung, ihn nicht abzureißen. Wir nähern uns nun dem Begriff »Sakrament«. Symbole und Zeichen sind ja nicht nur Gegenstände oder Bilder, sondern auch Handlungen. Im katholischen Kontext haben diesbezüglich die Sakramente als heilige Handlungen ihre herausragende Bedeutung. Der Begriff Sakrament kommt ursprünglich aus dem römischen Militärrecht. Hier war er eine amtliche, aber religiös begründete Eidesleistung der Soldaten. Diese den Göttern geweihten rituellen Handlungen (»sacra«) hatten den Zweck, den Betreffenden in die Sphäre des »Heiligen« zu versetzen.

Die Bedeutungselemente wurden in gewandelter Form von der frühen christlichen Theologie übernommen. Zwar existiert kein neutestamentlicher Begriff für die Sakramente, sie sind aber der Sache nach vorhanden. Im Mittelpunkt stehen hierbei Taufe und Eucharistie (↗G). Das Vollziehen bzw. Feiern des Sakramentes »bewirkt, was es bezeichnet«. Es ist zeichenhaftes Handeln und heiliger Vollzug in einem. Mit den Empfängern eines Sakramentes passiert also etwas. Sie lassen sich vom Heiligen berühren und haben so selbst Anteil am Heiligen. Voraussetzung dafür ist der Glaube des Empfängers und ein richtiger, d.h. traditionstreuer Vollzug des Sakramentes von Seiten des Spenders.

Das Zweite Vatikanische Konzil nimmt vielfältige Impulse aus der Erneuerung der Sakramententheologie des 20. Jahrhunderts auf. Es sieht das sakramentale Handeln der Kirche als Werk des Heiligen Geistes, der die Glaubenden zu jenem Leib Christi bildet, in dem sie »durch die Sakramente auf geheimnisvolle und doch wirksame Weise« mit Jesus Christus verbunden werden«. Es versteht die Sakramente als »Wesensvollzüge der Kirche« und als »Sakramente des Glaubens«. Sie sind die zentralen Realisationen der Liturgie mit gleichermaßen individueller wie kirchlicher Wirkung. Ihre zugleich symbolische und instrumentale Wirkweise hinsichtlich der Gnade betrifft Lebenssituationen. Sie haben dialogischen Charakter und vergegenwärtigen das Pascha-Mysterium. Bemerkenswert ist auch, dass das Konzil von einem erweiterten Sakraments-Begriff Gebrauch macht und für eine neue Sicht auf den Ursprungszusammenhang von Jesus mit den Sakramenten offen ist.

Der Begriff Sakrament verbindet also Symbol und Zeichen auf sehr komplexe Weise. Das wird deutlich, wenn die Kirche heute Sakramente als »Zeichen der Nähe Gottes« benennt. Wie bei einem Zeichen ist das äußere Tun des Sakraments etwas anderes, als es ausdrücken will. Wenn z. B. beim »Effata-Ritus« in der Taufhandlung der Taufspender als zeichenhaftes Handeln Mund und Ohren des Täuflings berührt, damit er hören und sprechen lernt und Gottes Wort dementsprechend weitergeben kann, dann ist es etwas anderes, als dass Gott dem Kind dieses Geschenk tatsächlich gewährt. Es ist eher ein Wunsch, dass Gott dem Täufling Mund und Ohren öffne. Gleichzeitig ist die Taufe aber auch wirkliches und wirksames Symbol, denn Gott nimmt tatsächlich den Täufling oder Taufbewerber in seine Gemeinschaft auf. Für Christen ist die Taufe das einzige Symbol, das diese Aufnahme auszudrücken vermag.

In der katholischen Kirche verstehen wir die sieben Sakramente als von Jesus Christus selbst gestiftet. Sie sind daher nicht willkürlich veränderbar. Die Treue zu Christus wird auch in der Treue zur traditionellen Feier der Sakramente deutlich. Auch wenn diese Feier immer wieder Verände-

rungen unterliegt, ist dem Verständnis nach die Wahrung des Ursprungs entscheidend. So ist besonders am Sakrament der Eucharistie (↗G) erfahrbar, wie notwendig wandelbar konkrete Feierformen sein können. Die heute gültige Form der Eucharistiefeier wird so erst seit dem Ende des Zweiten Vatikanischen Konzils (1965) gefeiert. Andererseits mag das Sakrament der Taufe Beispiel dafür sein, wie genau unsere heutige Feier der Taufe in großen Teilen dem entspricht, was in der Bibel und der Frühen Kirche bereits angelegt ist.
Man kann es auch so sagen: Bei der Feier der Sakramente soll Gott nicht mehr nur mit dem Verstand erkannt werden. Allen Gläubigen soll vielmehr die Chance geboten werden, Gott mit allen Sinnen zu erfahren. Die Sehnsucht nach tiefem, echtem Glauben, der vielfach als »ganzheitlich« bezeichnet wird, ist also in der sakramentalen Feier bereits angelegt. Verstand, Herz und Sinne werden angesprochen. Allerdings erfahren wir auch, dass die Mitfeiernden diese Sprache oft nicht mehr verstehen. Für sie ist der Gottesdienst eben nicht »ansprechend«. Inwieweit ein sakramentales Handeln »anspricht«, liegt natürlich auch daran, wie ein Zelebrant dieses feiert bzw. wie das Sakrament in der jeweiligen Gemeinde beheimatet ist. Ohne hier jemandem die Schuld für Missverständnisse geben zu wollen, scheint es doch so, dass allerorts »Echtheit« gesucht wird. Christen wünschen sich *echtes* Interesse am Glauben und an der Feier des Glaubens. Menschen, die am Rande von Kirche stehen, wünschen sich *echtes* Interesse an ihnen und ihrer Lebenssituation. Sie wünschen sich eine *echte* Feier, die mit ihnen auch etwas zu tun hat, persönlich ist, und nicht mechanisch »abgefeiert« wird. Deshalb sollte auch der Sprachgebrauch vom »Messe halten« oder »Messe lesen« ein für alle Mal in den Schubladen verschwinden und dem Modus »Eucharistie feiern« oder »Gottesdienst feiern« endgültig Raum bereiten!

Zusammenfassung

Die im vorigen Abschnitt ausgeführte Einschätzung der Probleme liturgischer Formen in der heutigen Zeit ist wiederum interessant für unseren Blick auf Symbole und Zeichen und ihre Verwendung in gottesdienstlichen Zusammenhängen. Wenn schon die Hochform des symbolischen Handelns in der Kirche, die Feier der Sakramente, nicht mehr recht verstanden wird, gelegentlich abgedroschen oder aufgesetzt wirkt, mehr Last als Lust ist, dann besteht diese Gefahr prinzipiell auch für die moderne Verwendung von Zeichen und Symbolen. Auch das Neue ist irgendwann alt und wird zum wiederholten Mal gefeiert. Was in den Bausteinen dieses Buches als Möglichkeiten vorgestellt wird, würde darum hohl bleiben, wenn es nur um der Neuheit willen durchgeführt würde! Vielmehr sollen die Bausteine einladen, in die Tiefe zu gehen und die Chancen des christlichen Glaubens neu entfalten helfen. Die Auseinandersetzung schon im Vorfeld der Feier mit dem, der dort gefeiert wird, ist daher unerlässlich. Die konkrete Frage nach dem »Wozu« von diesem oder jenem Symbol kann einem nicht dadurch abgenommen werden, dass ein zunächst von außen kommender Baustein eine mögliche Antwort anbietet. Eines wurde aber hoffentlich deutlich: Wer Bedeutungen und Hintergründe von Zeichen, Metaphern, Symbolen, Allegorien, Ikonen und Sakramenten kennt, für den wird auch ein eigener Zugang zur Feier des Glaubens leichter. Darum hier der Versuch, das Gesagte noch mal in einer kurzen Formel auszudrücken:

Zeichen:	Kulturell geprägter Ausdruck für Reales; auch Oberbegriff – Beispiel: Buchstaben.
Metapher:	Neuer Wortsinn und austauschbarer Begriff für Bekanntes – Beispiel: »Haupt der Familie«.

Symbol:	Echter, nicht austauschbarer Zusammenhang mit dem Dargestellten – Beispiel: »Kreuz«.
Allegorie:	Mehrere Symbole in einer Darstellung – Beispiel: »Ochs und Esel«.
Ikone:	Authentische Abbildung des Heiligen – Beispiel: »Jesus Christus«.
Sakrament:	Symbol und Zeichen, das bewirkt, was es bezeichnet – Beispiel: »Taufe«.

Zum Ausprobieren

Zeichen- und Symbolhandlungen für Wortgottesfeiern und Gruppenstunden

Werkstatt für Kreative

Hier wird es praktisch und kreativ. Die 44 Gestaltbausteine sind am Verlauf des Kirchenjahres und an einzelnen Glaubensthemen orientiert. Wir stellen zwei bis drei Elemente für verschiedene Zielgruppen oder Anlässe vor. Dabei dürfen die Bausteine wie der Vorrat eines Küchenschrankes verstanden werden, aus dem Sie herausholen können, was Sie brauchen. Man könnte auch sagen, wir stellen Ihnen Zutaten und fast fertige »Rezepte« mit Hinweisen und Tipps vor, aber »kochen« dürfen Sie schon selbst. Passen Sie also die Gestaltbausteine auf Ihre Gruppe oder Ihre Situation an. Schauen Sie dazu auch, was Sie vielleicht ergänzen möchten und wie die ausgesuchten Elemente in ihr Projekt, ihr Wochenende oder ihre Arbeitseinheit hineinpassen.
Einige Ideen, die wir hier gesammelt haben, stammen nicht von uns, sondern haben wir irgendwo entdeckt oder mit verschiedenen Gruppen zusammen entwickelt. Wo wir konnten, haben wir entsprechende Quellen angegeben. Manche »Zutaten« werden Ihnen auch gewiss bekannt sein. Andere, neue »Gewürze« lohnt es sich zu entdecken.
Wir haben versucht, die Materialliste möglichst vollständig zu gestalten. Bei jedem Gestaltbaustein braucht man eine Bibel, Liederbücher und am besten auch Musikinstrumente. Wir haben das daher selten noch einmal besonders erwähnt.
Die Liedvorschläge haben wir Büchern und Vorlagen entnommen, die uns geeignet erschienen. Wenn Sie Alternativen benutzen möchten, dann tun Sie dies einfach! Schauen Sie, aus welchem Fundus Sie schöpfen können, aber probieren Sie vielleicht auch mal neue Lieder aus.

Zum Schluss steht dann ein ausführliches Register. Dort finden Sie sortiert nach Themen, Zeichen, Personen, Zielgruppen oder den Bibelstellen schnell den entsprechenden Baustein. Auch Abkürzungen finden Sie dort erklärt.
Noch einen praktischen Tipp: Beginnen Sie die Vorbereitung der Gottesdienste mit einem Gebet im Team oder alleine. Vielleicht gönnen Sie sich selbst auch einen kleinen Augenblick der Stille. So bekommt Gott schon vorher Raum und kann auch zu Ihnen in den Zeichen sprechen, mit denen Sie arbeiten.

Kirchenjahr und Lebensfeste

B1 Siehe, ich komme bald ...

Themen	Advent, Stille, Licht, Dunkelheit, Sehnsucht, Jesus Christus
Symbol/Zeichenhandlung	Kerzen entzünden, still sein, warten, malen, schreiben
Zielgruppe	Jugendliche
Zeitpunkt	Adventszeit
Dauer	Ca. 1,5–2 Stunden
Inhaltliches Ziel	Jugendliche sollen einerseits das Warten im Advent und das Ungewisse bewusst erleben. Andererseits sollen sie ihren Hoffnungen und Sehnsüchten auf kreative Weise Raum geben können.
Bibelstelle	Jesaja 9,1–6a (Die Verheißung des göttlichen Kindes)
Material	Decken, Betschemel, CD-Player, CD mit adventlicher Gregorianik oder anderer Meditationsmusik, große Kerze, kleine Kerzen (Teelichter mit Untersetzern), Streichholz, Zeitschriften, Pappkarton (DIN A3), Scheren, Kleber, Farbstifte, Papier und Kugelschreiber, Liedzettel mit Bibeltext, Deckenstrahler
Lieder/Musik	Meine Hoffnung und meine Freude (Taizé) Jetzt ist die Zeit, jetzt ist die Stunde (T 483) Tau aus Himmelshöhn (GL 103) In der Mitte der Nacht (SdH 266, U 31) Die Nacht ist vorgedrungen (GL 111)
Vorbereitung	Im abgedunkelten Raum liegen Decken und Gebetsschemel bereit. Alles Material liegt an der Seite. Die große Kerze steht in der Mitte des Raumes. Jeder Teilnehmer erhält ein Teelicht (am besten mit einem kleinen Untersetzer).

Verlauf

Im Raum einfinden

Die Teilnehmer sollen zunächst im Raum auf dem Boden eine bequeme Haltung finden (z.B. auf Decken liegend oder auf Gebetsschemel kniend). Im Raum verteilt liegen Liedblätter.
Impuls: ***»Sucht euch einen Platz, legt euch hin, am besten auf den Bauch oder kniet euch auf einen Schemel. Ihr könnt euch auch setzen. Bitte sprecht nicht mit euren Nachbarn!«*** In die Dunkelheit hinein wird zur Einstimmung Musik eingespielt (z.B. »Rorate«), nach einiger Zeit (während der Musik) werden die kleinen Kerzen reihum an der großen Kerze in der Mitte entzündet (Weitergeben des Lichtes).

Einleitung der Stilleübung/Lied

Meine Hoffnung und meine Freude (EG 697)
»In die Dunkelheit hinein möchten wir mit euch das Lied ›Meine Hoffnung und meine Freude‹ singen.«

Lesung

Jesaja 9,1–6a

Impuls nach der Lesung:

»Wir wollen jetzt einige Minuten in der Stille verweilen. Dein Blick kann auf die Kerze gerichtet sein. Versuche, ganz bei dir zu bleiben, bei deinen Gedanken, Gefühlen, bei dem, was gerade jetzt ist! Was ist in deinem Leben dunkel? Wonach sehnst du dich?«

Stille

(Vorschlag: 10 Minuten)

Impuls

»Eben hast du gewartet, dass es weitergeht. Eine so lange Zeit der Stille ist bestimmt ungewohnt. Viele Gedanken gingen dir durch den Kopf. Auch das Volk Israel hat gewartet. Im 6. Jahrhundert vor unserer Zeitrechnung wurde der Tempel in Jerusalem zerstört und das Volk wurde ins Exil geschickt. Das Exil in Babylon, fern der Heimat, war eine Zeit der Dunkelheit, der Sehnsucht, des Ungewissen, der Hoffnung auf Frieden und einer Besserung der Lage. Die große Hoffnung bestand darin, dass eines Tages ein ersehnter Retter, ein Messias kommen würde. Es ist wie das Warten auf die Geburt eines Kindes, auf neues Leben. Der Prophet Jesaja hat das in Worte gefasst:« Jesajatext noch mal laut vorlesen (lassen). Danach folgt ein kurzer Moment der Stille oder der Musik (Gregorianik).

Persönliche Reflexion

(Einzelarbeit 30–45 min)
Einladung: ***»Was brauche ich, damit mein Leben hell wird? Wonach sehnst du dich? Du bist nun eingeladen, einen Wunschbrief zu schreiben ... oder eine Collage anzufertigen. Bringe deine Sehnsüchte, deine Wünsche zum Ausdruck, durch Worte oder Bilder.«*** Während der Einzelarbeit ist leise Musik im Hintergrund zu hören. Schwache Raumbeleuchtung oder indirekte Beleuchtung durch einen Deckenstrahler ist hilfreich.

Abschlussrunde

Im Anschluss an die Erarbeitung setzen sich alle im Kreis um die große Kerze und stellen ihre Resultate einander vor. Impulsfrage: ***»Was gibt dir Hoffnung? Wonach sehnst du dich?«*** Die Präsentation bleibt kommentarlos stehen. Zum Abschluss erfolgt ein Gebet (als Rundgebet) oder Vaterunser sowie die Segensbitte. Mit dem Schlusslied »Jetzt ist die Zeit, jetzt ist die Stunde« (T 483) klingt der Gottesdienst aus.

B2 Die Nacht ist vorgedrungen

Themen	Advent, Dunkelheit, Licht, Unterwegs
Symbol/Zeichenhandlung	Kerze
Zielgruppe	Erwachsene
Zeitpunkt	Adventszeit
Dauer	Ca. 1 Stunde
Inhaltliches Ziel	Während einer Wanderung an einem frühen Morgen im Dezember können die Teilnehmer im Wechsel von Gehen und Verweilen den Moment der Nachtwende bewusst erleben
Bibelstelle	Jesaja 60,1–5a (Die Völkerwallfahrt zum Licht), Psalm 77 (Gottes Weg mit seinem Volk), Römer 13,11–13 (Die Verheißung des Tages)
Material	Pechfackeln, Kerzen mit Windschutz, Liedzettel mit Bibeltexten
Lieder/Musik	Tau aus Himmelshöhn (GL 103) In der Mitte der Nacht (SdH 266, U 31) Die Nacht ist vorgedrungen (GL 111)
Vorbereitung	Auf dem Altar der Kirche ist eine Kerze vorbereitet. Streichhölzer und Bibel liegen bereit. Fackeln, Kerzen und Liedzettel werden am Ausgang ausgegeben und liegen dort.

Verlauf

Ankommen

Beginn ist in den frühen Morgenstunden (etwa gegen 6.00 oder 7.00 Uhr) in der dunklen Kirche. Den Beginn bildet eine Lichtfeier, bei der eine Kerze auf dem Altar entzündet wird.

Dankhymnus

Es folgt die Lichtdanksagung mit dem Lied »Tau aus Himmelshöhn« (GL 103).

Lesung

Jesaja 60,1–5a

Aufbruch

Die Fackeln werden vor der Tür an der Kerze entzündet. Weitere Kerzen und die Liedzettel werden verteilt. Es folgt der Aufbruch zur Nachtwende-Wanderung.

Stationen

Station 1
Psalm 77 (GL 734) im Wechsel beten; Impuls: ***»Gibt es Dunkelheiten in meinem Leben? Wie erlebe ich diese? Was brauche ich, damit es hell wird in meinem Leben?«***; in der Stille überlegen.
Station 2
Jesaja 60 vorlesen, weitergehen und Teilnehmer einladen, ins Gespräch zu kommen über die Impulsfragen bzw. den Jesajatext; zwischendurch: Lied »In der Mitte der Nacht (SdH 266, U 31)«.
Station 3
In einer Kapelle/wieder in der Kirche/oder anderer Ort: Römer 13,11–13 vorlesen; geistlicher Impuls; »Die Nacht ist vorgedrungen« (GL 111) singen; Vaterunser; Segensgebet.

B3 Gott macht sich klein

Themen	Advent, Weihnachten, Jesus Christus, Sterndeuter
Symbol/Zeichenhandlung	Klein machen, knien, Krippe
Zielgruppe	Kinder/Schüler/Familien
Zeitpunkt	Adventszeit
Dauer	Ca. 3/4 Stunde
Inhaltliches Ziel	Die Kinder sollen Weihnachten als das Fest verstehen, an dem wir Gott feiern als einen Gott, der sich klein gemacht hat und darin seine wahre Größe zeigt. Der Mensch kann Gott in den kleinen Dingen erkennen. Das Geheimnis Gottes ist kostbar, ein kleiner Schatz
Bibelstelle	Matthäus 2,1–12 (Die Erlebnisse der Sterndeuter)
Material	Kleiner Pappkarton (schwarz überzogen) mit Guckloch, eine Miniaturkrippe, Taschenlampe oder andere Beleuchtung für den Innenraum der Kiste, Liedzettel, Bibel
Lieder/Musik	Zu Betlehem geboren (GL 140) Stern über Betlehem (H 127)
Vorbereitung	Der kleine Pappkarton wird im Raum/in der Kirche gut sichtbar bereitgestellt. Eine Beleuchtung ist im Innern installiert. Die Miniaturkrippe befindet sich im Karton, nur durch das Guckloch sichtbar.

Verlauf

Eröffnung

Der Gottesdienst beginnt mit einem Lied und dem Kreuzzeichen. Danach werden die Kinder (und Erwachsenen) eingeladen, das »Geheimnis von Weihnachten« kennenzulernen. Empfehlung: einige Kinder auswählen, z. B. jene, die in der Kirchenbank am Rand sitzen. Wenn wenige Kinder (eine Schulklasse) da sind, dann alle auswählen.

Weg zum Geheimnis

Die Kinder kommen nach vorn. Sie müssen sich bücken (klein machen) und durch das kleine Guckloch in den Pappkarton hineinschauen, um das »Geheimnis« zu entdecken. Sie kehren auf ihren Platz zurück und berichten ihrem Nachbarn das Gesehene (»Flüsterpost«). Zwischendurch kann man erfragen (per Handzeichen), wer schon alles das Geheimnis kennt ...

Lesung

Matthäus 2, 1–12

Katechese

Mögliche katechetische Gedanken:
Betlehemer Geburtskirche und deren niedriger Eingang: »man muss sich klein machen«, Reiter mussten vom »hohen Ross« herabsteigen.
Gott macht sich »klein«, indem er sich hilflos/machtlos in einem Kind zeigt.
Erläuterung des Verhaltens der Sterndeuter: »sich knien«, anbeten und auf den Weg machend anderen die Botschaft weitertragen.
Das Geheimnis von Weihnachten ist unter einem Geschenkeberg nicht zu finden.

Abschluss

Die Kinder werden gebeten, aus dem Gesehenen und Gehörten kurze Fürbitten zu formulieren. Zum Beispiel könnte für die auf dem »hohen Ross«, für die »Kleinen« in der Gesellschaft und für die Familien an den Weihnachtstagen gebetet werden. Lieder, Vaterunser und Segensgebet schließen den Gottesdienst ab.

B4 Happy Birthday, Jesus!

Themen	Jesus Christus, Weihnachten, Nacht
Symbol/Zeichenhandlung	Erzählfiguren, Christbaum, Tannenbaum, Schmuck
Zielgruppe	Jugendliche
Zeitpunkt	Abend bzw. Nacht des 24. Dezembers
Dauer	Nachmittag und Abend
Inhaltliches Ziel	Der Nachmittag des Heiligen Abends und der Abend selbst werden gemeinsam vorbereitet und als »Lord's Party« gestaltet. Dabei steht die Kreativität der Gruppe, die Tradition des Weihnachtsfestes, das moderne »Festgefühl« der Jugendlichen sowie das Weihnachtsevangelium im Vordergrund
Bibelstelle	Lukas 2,1–20 (Die Geburt Jesu)
Material	Christbaum und Christbaumschmuck, Krippenfiguren (biblische Erzählfiguren), Naturmaterialien für den Krippenbau, Liedzettel, Lebensmittel zum Kochen
Lieder/Musik	Volkstümliche und moderne Weihnachtslieder
Vorbereitung	Jugendheim und Küche müssen zugänglich sein; alles für ein Festmahl steht bereit im Gruppenraum.

Verlauf

Einstieg

Treffpunkt ist am Nachmittag des Heiligen Abends. Die Jugendlichen überlegen, wie sie den Abend miteinander sinnvoll gestalten wollen. Folgende Vorschläge könnten dabei eine Rolle spielen: gemeinsames Schmücken des Christbaums und des Jugendraums, Backen von Plätzchen, gemeinsames Kochen (am Vormittag schon das Material einkaufen!), gemeinsames Üben von Weihnachtsliedern

(Aussuchen von modernen Weihnachtsliedern, etwa Popsongs).

Impuls

Nachdem Christbaum und Jugendraum geschmückt und die Plätzchen gebacken sind, folgt ein erster inhaltlicher Impuls: Die Krippe wird »entwickelt«, d. h. jeder der Teilnehmer sucht sich – nach seiner eigenen Erinnerung – eine Krippenfigur aus (Erzählfiguren, denen man eigene ausdrucksstarke »Gestalt« verleihen kann) und erzählt aus deren Perspektive eine Geschichte, z. B. vom Schaf, das auf seiner Weide ist und froh um die Gemeinschaft in einer kalten Nacht ist; oder vom Sterndeuter, der einen weiten Weg gemacht hat, weil er einem Stern gefolgt ist und grundsätzlich im Leben nie die Hoffnung verliert etc. Die Krippe wird dann aus den vorbereiteten Naturmaterialien aufgebaut. Zum Abschluss wird das Weihnachtsevangelium erzählt.

Mahl halten

Im gemeinsamen Kochen und Tischdecken bereiten sich die Jugendlichen den Festrahmen für die abendliche Feier, die in den Besuch der Christmette einmünden kann, es sei denn, mit der Gruppe wird ein eigener Gottesdienst gefeiert.

Ausklang

Der spätere Abend kann zum Musikhören, Geschichten erzählen (etwa bei erleuchtetem Tannenbaum und Kerzen im Raum) und gemeinsamem Singen genutzt werden. Wenn Schnee liegen sollte, ist eine Schneewanderung zu später Stunde ein wunderbarer Abschluss – mit Fackeln und einem gemeinsamen klassischen Lied im Freien.

B5 Lasset die Kinder zu mir kommen

Themen	Jesus Christus, Silvester, Weihnachten
Symbol/Zeichenhandlung	Segnen, Erzählfiguren
Zielgruppe	Kindergartenkinder und Kommunionkinder
Zeitpunkt	Fest der unschuldigen Kinder (28. Dezember) oder am Wochenende zwischen Weihnachten und Neujahr
Dauer	Ca. $^{3}/_{4}$–1 Stunde
Inhaltliches Ziel	Entsprechend der Bibelstelle und dem Tagesanlass werden die Kinder im Rahmen eines kleinen Gottesdienstes gesegnet. Es soll deutlich werden, dass Gott jedes Kind annimmt und es gutheißt (»segnen«)
Bibelstelle	Markus 10,13–16 (Die Segnung der Kinder) – Tageslesung: Matthäus 2,13–18 (Die Flucht nach Ägypten/Der Kindermord in Betlehem); schwierig! wenn, dann als Ergänzung mit hinführender Katechese
Material	Krippenfiguren (biblische Erzählfiguren), Liedzettel
Lieder/Musik	Ihr Kinderlein kommet (volkstümlich) Zu Betlehem geboren (GL 140)
Vorbereitung	Mit den Krippenfiguren (Erzählfiguren) wird in der Kirche die Szene aus Markus 10,13–16 nachgestellt. Für den Abschluss sollte die Krippe in der Kirche zugänglich sein.

Verlauf

Eröffnung

Lied »Zu Betlehem geboren« (GL 140)

Begegnung mit der Bibel

Die Kinder werden mit einer gestellten Szene (Krippenfiguren/biblische Erzählfiguren) der Bibelstelle Markus 10,13–16 (Segnung der Kinder) konfrontiert. Sie sollen zunächst entdecken und beschreiben, dass den Kindern (kleine Figuren) durch Erwachsene (große Figuren) die Sicht auf Jesus verstellt wird. Die Kinder erarbeiten danach, was sich verändern müsste, damit sie Jesus sehen und ihm begegnen können (Lösungen: Die Erwachsenen müssen weggehen; man könnte auf einen Baum klettern; Jesus geht einfach durch die Menge durch etc.). Dann verändern sie die Szene entsprechend.
Mögliche Vertiefung: Die Szene wird mit verteilten Rollen nachgespielt, dabei spielen vor allem Gefühle eine Rolle (Gefühle der Kinder, die nichts sehen können; Gefühle der Erwachsenen, die zurückgewiesen werden; Gefühle Jesu, wenn er sieht, dass man Kindern den Weg versperrt).

Lied

Ihr Kinderlein kommet (volkstümlich)

Abschluss

Vaterunser (im Kreis/an der Krippe in der Kirche), danach Einzelsegen.

B6 Das alte Jahr vergangen ist ...

Themen	Kohelet, Jahresschluss, Silvester, Abschied
Symbol/Zeichenhandlung	Kerze, Räume, Tücher
Zielgruppe	Kleinere Gruppen in der Gemeinde/Familien
Zeitpunkt	Jahreswechsel
Dauer	1 Stunde
Inhaltliches Ziel	Die Jahreswende soll als Gelegenheit entdeckt werden, im Rück- und im Ausblick die Zeit als das große Geschenk Gottes an uns zu entdecken
Bibelstelle	Kohelet 3,1–8 (Alles hat seine Zeit)
Material	Literatur: W. T. Küstenmacher, Simplify your life, Frankfurt ^{7}2002, S. 46 ff.; Symbole der Teilnehmer, die für das alte Jahr stehen, alte Jahresübersicht (mindestens DIN A 2), Kerzen und Dekorationstücher in abgedunkeltem Ort, Liederbücher, Gebetsbücher, Buntstifte und Papier
Lieder/Musik	Der du die Zeit in Händen hast (GL 157) Lobpreiset all zu dieser Zeit (GL 158) Das alte Jahr vergangen ist (EG 59) Seht neuer Morgen (H 125) Ein Kind kommt aus Betlehem (H 126) Von guten Mächten (H 76) Meine Zeit steht in deinen Händen (LL 213)
Vorbereitung	Die Kirche oder das Gemeindehaus muss zur Verfügung stehen.

Verlauf

Einstieg

Beginn in einem Gruppenraum, wo die Teilnehmer ihre mitgebrachten Symbole des vergangenen Jahres auf eine Jahresübersicht des vergangenen Jahres ablegen.

Aktion

Dann werden die Teilnehmer eingeladen, frei in der Kirche oder einem Gemeindegebäude umherzugehen. Wahrnehmen der einzelnen Raumteile wie Flur, Gang, Treppenhaus, Windfang, Seitenkapelle, Altarraum, Bänke etc. Manche Orte drücken mehr aus, als ihr praktischer Nutzen vermuten lässt. Impulsfragen: »Welche Orte/Räume sind für euch angenehm oder unagenehm? Welcher Ort drückt am ehesten aus, was man gelegentlich von der Zeit zwischen Weihnachten und Silvester sagt, dass man ›zwischen den Jahren‹ ist?«.

Austausch

Wieder im Gruppenraum werden die Teilnehmer eingeladen, ihren mitgebrachten Gegenstand (Buch, Musikstück, Stein, …) zur Hand zu nehmen und davon ausgehend etwas zu ihrem letzten Jahr zu sagen. Wer vergessen hat, etwas mitzubringen, kann zunächst während einer kurzen Zeit der Besinnung zur Musik ein Erlebnis des Jahres aufzeichnen/malen. Die Gegenstände, Bilder, etc. werden anschließend wieder in die Mitte gelegt.

Vertiefung

Nach einem Lied/Gebet wird mit einer Impulsfrage ***(»Gibt es etwas, auf das ich mich im kommenden Jahr besonders freue oder etwas anderes Wichtiges?«)*** der Blick auf das kommende

Jahr gelenkt. Vielleicht gibt es auch einen Gegenstand, der in der Mitte liegt und damit etwas zu tun hat. In einer Katechese oder im Gespräch wird erläutert, inwieweit man die Zeit als Gottes Geschenk bzw. gottgegeben ansieht. In einem Kreis von Erwachsenen könnte auch Thema sein, wie man die Zeit für sich und andere »entschleunigen« könnte, um im Neuen Jahr mehr Lebensqualität für sich zu entdecken.

Lesung

Kohelet 3, 1–8

Abschluss

Die Teilnehmer versammeln sich um den Altar. Er ist leer, wie das Neue Jahr. Vaterunser und Segensgebet für das Neue Jahr schließen den Gottesdienst ab.

B7 Den Rucksack ausleeren dürfen

Themen	Buße/Beichte, Rucksack, Jesus Christus, Fastenzeit, Stille, Ruhe, Unterwegs, Versöhnung
Symbol/Zeichenhandlung	Joch, Kerze, Rucksack
Zielgruppe	Junge Erwachsene/Jugendliche (Firmbewerber)
Zeitpunkt	Tag in der Fastenzeit
Dauer	Ganzer Nachmittag oder später Abend, ca. 2,5 Stunden
Inhaltliches Ziel	Die Teilnehmer sollen erfahren, dass es Leib und Seele guttut, den Rucksack (als moderne Form eines Jochs) der Wanderungen unseres Lebens nach manchen Etappen leeren zu dürfen und im Fest der Versöhnung Gottes liebende Zusage zu erfahren
Bibelstelle	Matthäus 11,28–30 (Vom leichten Joch)
Material	Rucksack, Taschenmesser, Taschenlampe, leere Wasserflasche, Kompass, Landkarte, großes weißes Tuch, Kerze, CD-Player, ruhige/meditative Musik, Liedzettel, Empfehlung: mehrere Priester einladen!
Lieder/Musik	In der Mitte der Nacht (SdH 266, U 31) Hoffen, wider alle Hoffnung (U 44) Kyrie (Taizé) Wie ein Fest nach langer Trauer (S 48)
Vorbereitung	Der Rucksack wird präpariert. Im Raum wird ein großes weißes Tuch ausgebreitet und eine Kerze mit Streichhölzern bereitgestellt. Im Haus (Kirche) werden entsprechende Möglichkeiten für ein Beichtgespräch hergestellt (Stühle, Stola, Kerze), evtl. auch Beichtstühle mit einbezogen. CD mit ruhiger Musik und ein CD-Spieler werden bei der Beichte gebraucht. Eventuell kann auch ein Organist mit einbezogen werden.

Verlauf

Einstieg

Der Rucksack wird demonstrativ auf das weiße Tuch ausgeleert (ausschütten). Die Gegenstände werden dann etwas verteilt. Jeder Gegenstand wird kurz vorgestellt und mit seiner Nutzungsmöglichkeit während einer Wanderung in Verbindung gebracht: Rucksack (= unser Gepäck, das wir wie ein Joch immer mit uns tragen. Erklären, was ein Joch, z.B. bei einem Ochsengespann, ist), Taschenmesser (= Trennungen, Verletzungen, Verwundungen), leere Wasserflasche (= ausgebrannt, leer, durstig nach Sinn, Suche nach Antwort auf Fragen), Kompass (= Orientierungssuche, welche Richtung?, wohin?, was »zieht mich an«?), Landkarte (= Möglichkeiten der Lebensgestaltung, Höhen und Tiefen, Täler und Hügel des Lebens, die Meere und Seen des Lebens etc.).

Impuls

Die Kerze wird in die Mitte gestellt. Gedanke: ***All dies wird von Gott be- und erleuchtet***.

Lesung

Matthäus 11,28–30

Katechetisches Gespräch

Kleine Katechese zu dem Kernsatz: »Kommt zu mir, die ihr müde und beladen seid!«

Symbole aussuchen

Die Teilnehmer werden eingeladen, sich für ein oder zwei Symbole zu entscheiden, die sie mit in das Beichtgespräch (mehrere Priester zur Wahl) nehmen möchten (Hinweis: Die Gegenstände bleiben liegen, die Teilnehmer nennen nur den Gegenstand, der sie angesprochen hat.) Die Teilnehmer suchen eine Ecke im Raum (Kirche) auf, legen ihre Einzelbeichte ab. Die ganze Zeit über wird ruhige Musik gespielt (Orgel oder CD).

Vertiefung

Im Anschluss kann eine Eucharistie- (↗G) oder Agape-Feier (↗G) erfolgen.

B8 Er hat den Schuldschein getilgt

Themen	Schuldschein, Fastenzeit, Schuld, Versöhnung
Symbol/Zeichenhandlung	Feuer, Kerze, Kreuz
Zielgruppe	Erwachsene (Gruppe)
Zeitpunkt	Abend in der Fastenzeit
Dauer	1–1,5 Stunden
Inhaltliches Ziel	Die Teilnehmer sollen erfahren, dass die Schuld, die uns belastet, bei Gott tatsächlich vergeben und vergessen ist. In der Verbrennung des »Schuldscheines« kommt dies symbolisch zum Ausdruck
Bibelstelle	Kolosser 2,8–15 (Warnung vor Irrlehrern), eventuell Vers 11 auslassen
Material	»Schuldscheine« (Zettel in Postkartengröße), Bleistifte/Kugelschreiber, Kerze, Kreuz, Korb, feuerfeste Tonschale, Streichhölzer, Liedzettel, Bibel
Lieder/Musik	Wie ein Fest nach langer Trauer (S 48) Kyrie (Taizé) Bekehre uns (GL 160) O, Herr, vergib die Schuld (GL 168) Ich steh vor dir mit leeren Händen, Herr! (GL 621) Aus der Tiefe rufe ich, Herr, mein Gott, zu dir! (H 13, U 107)
Vorbereitung	In der Kirche werden die Materialien bereitgehalten. Die feuerfeste Schale und eine brennende Kerze werden im Altarraum zu einem Kreuz (ggf. auf einen Tisch) gestellt. Die Zettel (»Schuldscheine«) werden im Korb mit Stiften bereitgehalten.

Verlauf

Lesung

Kolosser 2,8–15

Katechese

Es folgt eine Predigt/Katechese besonders zu Kolosser 2,14. Die Teilnehmer werden durch Fragen zum Nachdenken über ihre Schuld hingeführt.

Impuls

Es wird ermutigt, einen der Schuldscheine auszufüllen, die vorher verteilt wurden.

Gespräch/Beichte

Nach einer Bedenkzeit (Orgelspiel) können die Teilnehmer das Gespräch mit einem Priester suchen und dazu den Schuldschein mitbringen.

Aktion

Im Anschluss an das Gespräch treten die Teilnehmer mit dem Schuldschein vor das Kreuz, das im Altarraum auf einem Tisch steht, eine Kerze steht davor, daneben eine Tonschale. In einer kurzen Stille tragen die Teilnehmer ihren Schuldschein im Gebet vor Gott. Dann entzünden sie den Schuldschein und lassen ihn in der Schale verbrennen. Der Vergebungsgestus durch den Priester kann vor der Verbrennung oder unmittelbar danach erfolgen. Es ist auch denkbar, dass der Priester den Teilnehmer zum Kreuz begleitet und mit ihm dort betet.

Vertiefung

Wenn alle Teilnehmer diesen Ritus begangen haben, kann sich die Eucharistiefeier (↗G) anschließen.

B9 Heimkommen dürfen und ein Fest feiern

Themen	Buße/Beichte, Fastenzeit, Karwoche (↗G), Versöhnung
Symbol/Zeichenhandlung	Handauflegung, Kerze, Musik, Ringe, Tücher
Zielgruppe	Jugendliche
Zeitpunkt	Nachmittag/Abend in der Fastenzeit
Dauer	3 Stunden
Inhaltliches Ziel	Die Teilnehmer sollen anhand der Geschichte vom Verlorenen Sohn erfahren, dass Gott ein liebender Gott ist, der uns nach den Irr- und Umwegen des Lebens immer noch empfängt und aufnimmt
Bibelstelle	Lukas 15,11–32 (Gleichnis vom barmherzigen Vater)
Material	Matratzen, Decken, Couch, Sessel, Musik (CD-Player), Einstiegszettel, Geldscheine (kopiert), leere Schale, Kerze, kostbarer Ring und/oder festliches Gewand, verschiedene Tücher (grün, schwarz, violett, rot/goldgelb), Liedzettel
Lieder/Musik	Unsere Hoffnung bezwingt die schwarze Angst (H 109; U 24) Kyrie (Taizé) Bekehre uns (GL 160) Gott ist die Liebe (Taizé)
Vorbereitung	Der Bibeltext muss zuvor in Stationen (Stationen 2–7) eingeteilt werden. Impulsfragen müssen entworfen werden (auf die Altersgruppe entsprechend konzipieren!) und für die Stationen in der Kirche geeignete Orte gefunden und vorbereitet werden (siehe Verlauf).

Verlauf

Einstieg

Die Teilnehmer erhalten einen Zettel mit einer Einstiegsaufgabe an der ersten Station: ***»Wie ist bisher dein Leben verlaufen? Welche wichtigen Momente gab es, in denen Entscheidungen getroffen wurden? Welche Ereignisse hast du erlebt, die besonders schön, schmerzhaft oder traurig, prägend für dich waren? Welche Personen sind dir wichtig gewesen/geworden?«*** Die Teilnehmer können es sich dazu in einer Ecke in der Kirche (ausgestattet mit einer Couch, Sessel, Decken, Matratzen etc.) gemütlich machen (Musik im Hintergrund).

Stationsweg

In der Kirche werden weitere Stationen vorbereitet. Zweite Station: »Elternhaus« (Altar, helles Tuch); dritte Station: »Aufbruch und Leben« (Weg, braune Tücher); vierte Station: »Leben in Fülle« (grünes Tuch, Geldscheine werden ausgebreitet); fünfte Station: »Verarmung« (schwarzes Tuch, leere Schale); sechste Station: »Umkehr« (violettes Tuch, Kerze ist entzündet; lädt ein, über Schuld nachzudenken); siebte Station: »Heimkehr« (rotes oder goldgelbes Tuch, festliches Gewand und Ring). Die Teilnehmer durchlaufen den Parcours und halten an jeder Station inne. Dort finden sie Zettel mit dem Textabschnitt der Geschichte und den dazugehörenden Impulsfragen, die sie in den Grundgedanken der jeweiligen Situation hineinführen sollen. In der Nähe des violetten Tuches (sechste Station) könnte die Möglichkeit zur Aussprache (Beichte) bestehen.

Vertiefung

Wenn alle Teilnehmer im Altarraum angekommen sind, sollte ein Gespräch über die gesammelten Erfahrungen erfolgen. Es kann sich eine Eucharistiefeier (↗G) anschließen.

B10 Bleibet hier und wachet mit mir ... – Liturgische Nacht

Themen	Jesus Christus, Fastenzeit, Gründonnerstag, Karwoche (↗G), Anbetung, Dunkelheit, Licht
Symbol/Zeichenhandlung	Malen, Augenbinden, Bild, Kerze
Zielgruppe	Jugendliche/junge Erwachsene
Zeitpunkt	Hoher Donnerstag (Gründonnerstag)
Dauer	3–4 Stunden
Inhaltliches Ziel	Die Teilnehmer sollen ausgehend von der Feier des Letzten Abendmahles in die Einsamkeit Jesu hineinspüren und betend und gestaltend Nachtwache halten
Bibelstelle	Matthäus 26,1–46 (Abendmahl und Getsemani); Aufteilung siehe unten
Material	Textblätter mit Bibelstellen und Impulsfragen, Teelichter, Streichholz, Tücher/Augenbinden, Wassermalfarben, Pinsel, Becher, Wasser, Zeichenblock, Liedzettel, Taschenlampe, Lebensmittel für das gemeinsame Kochen
Lieder/Musik	Bleibet hier und wachet mit mir (Taizé) Beim letzten Abendmahle (GL 537)
Vorbereitung	Die Zutaten für das Mahl müssen bereitliegen. CD und CD-Spieler werden vorbereitet. Für den anschließenden Stationsgang sollte zusätzlich zum katechetischen Material eine Taschenlampe für den Notfall mitgenommen werden.

Verlauf

Mahlfeier

Nach dem Abendmahlgottesdienst treffen sich alle Teilnehmer zum gemeinsamen Kochen. Aufgaben werden verteilt (Zubereitung, Kochen, Tischdecken, Aufräumen, Spülen etc.). Das Essen kann – Herausforderung (!) – schweigend eingenommen werden. Stille Musik im Hintergrund oder eine Tischlesung (Passionslesung), z.B. Markus 26,1–29 (kleinere Abschnitte mit Pausen, dazwischen Musik von der CD).

Stationsweg

Im Anschluss an das Essen machen sich die Teilnehmer auf den Weg (nächtliche Wanderung mit Stationen). Erste Station ist der »Gang zum Ölberg« (Kirche, Berg, Wald). Die Bibelstelle Markus 26,30–35 wird vorgetragen. Impulsfrage: ***»Habe ich schon Menschen im Stich gelassen und verraten?«;*** Einladung zum Nachdenken über diese Frage auf dem weiteren Weg. Jeder geht für sich.
Fortsetzung des Weges zur zweiten Station: »Gebet im Garten Getsemani« (Parkanlage, großer Garten); Bibelstelle: Mk 26,36–46. Alle Teilnehmer verteilen sich nun, suchen sich einen Platz und begeben sich für 15 Minuten in das stille Gebet. Jeder Teilnehmer hat ein Teelicht, das zuvor entzündet wurde.
Nach einer Sammlung geht es weiter zur dritten Station: »Gefangennahme«; Bibeltext: (Markus 26,47–56). Die Teilnehmer führen sich abwechselnd als »Blinde« für eine gewisse Wegstrecke. Dazu werden ihnen mit Tüchern jeweils die Augen verbunden.
Angekommen an der vierten Station wird Markus 26,57–68 (»Das Verhör«) vorgelesen. Die Teilnehmer bilden einen Kreis (je nach Anzahl mehrere Kreise). Nach und

nach muss ein Teilnehmer nach dem anderen in die Mitte (mit verbundenen Augen), wo er von allen hin und her geschubst wird (keine Gewaltanwendung).
Der Weg führt dann weiter zur fünften Station (»Die Verleugnung durch Petrus«), u.U. wieder in der Kirche. Der Bibeltext wird gelesen (Markus 26,69–75). Die Teilnehmer spüren der Trauer nach, die sich in Petrus und Jesus breitmacht. Dazu malen sie nun ein Bild mit Wassermalfarben: ***»Malt ein Bild, das die spürbare Trauer in Farben und Formen zum Ausdruck bringt!«*** – leise Musik im Hintergrund (Meditationsmusik).

Betrachtung

Es folgt eine Zeit der Stille zur gemeinsamen Betrachtung der Bilder (Rundgang, Bilder liegen auf dem Boden, keine Kommentare), danach Austausch über den Weg und das Bild.

Vertiefung

Stille eucharistische Anbetung in der Kirche.

Abschluss

Vaterunser und Segen.

B11 Durchkreuzt – Kreuzwege des Lebens

Themen	Jesus Christus, Fastenzeit, Karwoche (↗G), Passion, Unterwegs
Symbol/Zeichenhandlung	Malen, Kreuz, Musik
Zielgruppe	Junge Erwachsene
Zeitpunkt	Fastenzeit/Karwoche
Dauer	2 Stunden
Inhaltliches Ziel	Die Teilnehmer sollen die »durchkreuzten« Momente ihres Lebens ins Bild bzw. in eine künstlerische Darstellung bringen
Bibelstelle	Markus 15,20b–32 (Die Kreuzigung)
Material	Farben, große Plakate (DIN A0), Pinsel, CD-Player, Musik: Beethovens Sinfonie Nr. 5, Kreuzweg Jesu (GL 775 oder andere Fassungen)
Lieder/Musik	Zeige uns den Weg (H84) Im Kreuz ist Heil (GL 205)
Vorbereitung	In einem großen Raum/Saal werden die Materialien bereitgelegt. Eventuell einen zweiten Raum (Kapelle) für das abschließende Gebet vorbereiten.

Verlauf

Partnerarbeit

Die Teilnehmer suchen sich jeweils einen Partner und gehen – bei entsprechender Musik (z. B. Beethovens Sinfonie Nr. 5) den Raum durchkreuzend hin und her. Der Partner zeichnet auf einem großen Plakat die Schrittrichtungen jeweils auf. Dann erfolgt der Wechsel in der Arbeitsaufgabe.

Austausch

Anschließend werden Gehgeschwindigkeit, Gehrichtung und Gehintensität miteinander besprochen.

Aktion

Die Plakate werden den einzelnen »Gehern« übergeben. Sie malen nun abstrakt oder figürlich aus diesem »Kreuz-Weg« ein Bild mit den Farben ihrer Wahl (Ausfüllen der Zwischenräume zwischen den Linien und Formen). Sie geben dem Bild einen eigenen Titel. Gespräch in Kleingruppen (Vierergruppen) über die Bilder.

Gegenüberstellung

Konfrontation mit dem Kreuzweg Jesu (7 Stationen). Impulsfragen: ***»Welche Stationen kenne ich auf meinem Kreuzweg des Lebens? Wo falle ich und das Lebenssystem bricht zusammen? Wo brauche ich Hilfe von anderen?«***

Gebet

Die Teilnehmer beten gemeinsam einen Kreuzweg, eventuell könnten die selbst gemachten Bilder dazu benutzt werden.

B12 Die Karwoche: Hosianna! – Kreuzige ihn! – Halleluja!

Themen	Jesus Christus, Fastenzeit, Karwoche, Palmsonntag, Eucharistie (↗G), Unterwegs
Symbol/Zeichenhandlung	Brot, Kreuz, Tücher, Wein
Zielgruppe	Kinder (Kommunionkinder im Rahmen eines Kinderbibeltages)
Zeitpunkt	Nachmittag in der Karwoche
Dauer	3 Stunden
Inhaltliches Ziel	An einem Nachmittag in der Karwoche wird den Kindern der Spannungsbogen des Geschehens von Palmsonntag bis Ostern nahegebracht. Durch fiktive Gespräche mit Gegenständen werden zentrale Gedanken der einzelnen Tage in den Mittelpunkt gerückt
Bibelstelle	Matthäus 21,1–17 (Einzug in Jerusalem und Tempelreinigung), Matthäus 26,17–29 (Abendmahl), Matthäus 26,30–56 (Ölberg und Verhaftung), Matthäus 27,27–61 (Tod und Bestattung), Matthäus 28,1–10 (Auferstehung und Erscheinung)
Material	Erste Station: Torbogen aus Pappe (Höhe 1,5 m/ Breite 2 m), diverse farbige Tücher, Palm- bzw. Buchsbaumzweige, Farben und Pinsel Zweite Station: kleiner Tisch, Brot, Krug mit Wein, Legematerialien (RPA) Dritte Station: Hammer, Holzlatten und Nägel, extra großer Nagel (Länge: mindestens 10 cm), Zettel, Stifte Vierte Station: Abendmahlstisch, selbst gebackenes Brot, Traubensaft, Tischtuch, große Steine, weißes Tuch, eventuell Osterkerze und farbige Tücher Für jede Station: Liedzettel, Bibel
Lieder/Musik	Lieder der Karwoche und der Osterzeit aus dem Gotteslob und anderen Büchern
Vorbereitung	In der Kirche werden die vier Stationen vorbereitet, d. h. mit Sitzgelegenheiten, Liedzetteln oder

Büchern und dem Material, entsprechend der Station.

Verlauf

Einstieg

Nach einer formlosen Begrüßung in der Kirche folgt eine kurze Einführung zu dem Stationsweg. Dann folgt eine liturgische Eröffnung und es geht zur ersten Station.

Stationsweg

Erste Station: Die Kinder basteln und bemalen einen großen Torbogen aus Pappe, gestalten mit Tüchern einen Weg zum Torbogen hin, schmücken den Weg mit Palmen und bunten Tüchern, setzen sich an den Weg. Nach einem Lied und der Bibelstelle (Matthäus 21,1–17, Einzug in Jerusalem und Tempelreinigung), die die Kinder selbst vortragen können, beginnt das fiktive Gespräch zwischen dem Interviewer und dem Torbogen von Palmsonntag (siehe Anhang zu diesem Baustein). Das Gespräch wird katechetisch aufgearbeitet und mit einem Lied abgeschlossen.
Zweite Station: Die Kinder gehen zu einem weiteren, dafür vorgesehenen Platz, stellen einen kleinen Tisch auf und darauf Brot und Wein (Krug). Sie schmücken den Tisch mit Legematerial und setzen sich um den Tisch herum. Alle hören den biblischen Text (Matthäus 26,17–29, Abendmahl). Es folgt das fiktive Gespräch zwischen Interviewer und Tisch (siehe Anhang zu diesem Baustein). Auch hier folgt eine katechetische Aufarbeitung. Der Abschluss wird gestaltet wie zuvor.
Dritte Station: Der dritte Teil beginnt mit einem traurigen Lied (Karfreitag). Die Kinder nageln ein Kreuz aus zwei Holzlatten zusammen. Sie hören die Geschichte vom Tod

Jesu und formulieren auf Zetteln Bitten für Kranke und andere in Not lebende Menschen. Diese Bitten werden mit kleinen Nägeln ans Kreuz geheftet. Das Kreuz wird auf den Boden gelegt, alle Kinder setzen sich darum herum. Es folgt eine Schweigeminute. Dann hören sie das fiktive Gespräch (siehe Anhang zu diesem Baustein) zwischen Nagel und Interviewer (dazu: großer Nagel, sichtbar halten/hinlegen). Mit einem Gebet und einem Lied wird diese Einheit abgeschlossen.

Vierte Station: Die letzte Einheit setzt die Vorbereitung für ein kleines Mahl voraus. Dazu kann es Traubensaft und frisch gebackenes Brot geben. Es kann eine selbst geschmückte Osterkerze im Mittelpunkt stehen etc. Mit schweren großen Steinen wird ein Grab gebaut und ein weißes Tuch hineingelegt. Die Kinder versammeln sich um das Grab und hören die Auferstehungsbotschaft. Die Freude der Auferstehung soll sich in Liedern und in einem gemeinsamen Mahl ausdrücken. Vielleicht auch ein Tanz mit farbigen Tüchern.

Abschluss

Die Kinder können ihre Eindrücke schildern, eventuell sollte man sie aufschreiben. Ein Segensgebet und ein Lied schließen die Feier ab.

Anhang zu Baustein 12

Palmsonntag/Gespräch mit dem Torbogen von Jerusalem

SP (Sprecher): Heute ist Palmsonntag. Jesus zieht nach Jerusalem ein. Viele Menschen stehen an der Straße und jubeln ihm zu!

TB (Torbogen): Hey, du!

SP: Bitte? Wer spricht da mit mir?

TB: Ich bin's!

SP: Und wer bist du?

TB: Der Torbogen von Jerusalem. Das Stadttor. Ich stehe doch direkt vor dir!

SP: Ach … du kannst reden? Das ist ja interessant. Kinder, kommt mal hierher …

TB: Ich kann auch viel erzählen. Ich hab doch viel Zeit!

SP: Klar, du stehst ja den ganzen Tag, Jahr für Jahr immer am selben Platz!

TB: Richtig. Und ich erlebe viele Dinge. Hunderte Menschen gehen jeden Tag unter mir durch.

SP: Aha. Was erlebst du denn alles so?

TB: Nun, ich sehe Händler, die mit ihren Eseln und Pferden bepackt ankommen. Ich erlebe viele Kinder, die sich in den Häusernischen verstecken und auf der Straße spielen. Und jeden Tag gehen durch mich Menschen hindurch, die zum Tempel hinaufgehen.

SP: Zum Tempel? Du meinst, zum Gotteshaus der Juden?

TB: Ja. Genau. Da gibt es einen riesigen Vorplatz. Auf dem stehen dann die Händler und Geldwechsler.

SP: In einem Tempel stehen Bankleute und Kaufleute?

TB: Ja, leider. Einige klagen auch darüber. Aber die meisten trauen sich nicht, etwas zu sagen. Und vielen ist es auch einfach egal.

SP: Und was denkst du darüber, du, Torbogen?

TB: Ich meine, in einem Tempel haben die nichts zu suchen. Das ist doch ein heiliger Ort.

SP: Und da beschwert sich wirklich niemand drüber?

TB: Doch, heute morgen, da ist etwas sehr, sehr merkwürdiges passiert. Da ist eine Gruppe von Pilgern nach Jerusalem gekommen. Also Menschen, die zum Tempel wollten. Und einer von ihnen, der ritt auf einem Esel. Alle Leute haben ihm zugejubelt.

SP: Auf einem Esel ritt er? Der Esel ist doch kein richtiges Reittier?!

TB: Naja ... die Menschen sprachen vom Messias. Auf den warten sie seit vielen Jahrhunderten. Er soll Israel erlösen. Und im Heiligen Buch der Juden steht, dass er auf einem Esel kommen würde. Als Friedenskönig.

SP: Aha. Und? Was ist passiert mit ihm?

TB: Oh, ein riesiges Treiben! Die Menschen haben ihm zugejubelt! Hosianna haben sie gerufen. Sie haben ihm Palmzweige auf den Weg gelegt und ihre Kleider ausgebreitet.

SP: Das ist ja spannend. Das ist wie bei uns, wenn ein großer Star oder ein Politiker zu Besuch ist. Da rollen wir dann auch den roten Teppich aus.

TB: Und er hat alle freundlich gegrüßt. Die Menschen waren glücklich.

SP: Tja, und was ist dann passiert? Erzähl mir mehr von ihm! Wie heißt der Mann?

TB: Er heißt Jesus. Das heißt, sie haben alle Jeschua gerufen! Sohn Davids! Er stammt nämlich aus der Familie des alten König David.

SP: Also ist er tatsächlich so was wie ein König ...?

TB: Na ja. Keine Ahnung. Es sind schon so viele Könige durch mein Tor geritten. Aber so einen habe ich noch nicht gesehen. Er war so schlicht. Keine Krone, kein prachtvolles Gewand. Ein ganz einfacher Mann auf einem Esel.

SP: Aber erzähl doch, was ist dann passiert?

TB: Er ist zum Tempel hochgeritten.

SP: Dorthin, wo die Kaufleute und Bankleute stehen?

TB: Genau. Oh je ... es hat Ärger gegeben. Plötzlich gab es dort einen riesigen Menschenauflauf. Hunderte sind zum Tempel hoch. Die Straße hier unten war wie leer gefegt. Ich stand dann eine Zeit lang ziemlich allein rum.

SP: Und hast du rausbekommen, was genau passiert ist am Tempel?

TB: Ja, die Leute haben das ja ganz schnell in der Stadt rumerzählt. Das hat sich wie ein Lauffeuer verbreitet. Er soll im Tempel alle Händler rausgetrieben haben.

SP: Oh je, das gab Ärger.

TB: Allerdings. Er hat Tische und Bänke umgeworfen. Die Kassen mit den Geldstücken hat er ausgeleert und muss laut gebrüllt haben, dass man aus dem Haus seines Vaters keine Räuberhöhle machen solle.

SP: Das Haus seines Vaters? Wie kommt er dazu, das Haus Gottes als das Haus seines Vaters zu bezeichnen?

TB: Mhmmm ... Ich erinnere mich, dass er nicht das erste Mal in Jerusalem war. Er war schon mal hier. Damals hat er schon gepredigt und Menschen geheilt. Viele haben gesagt, er sei ein Prophet, andere hielten ihn für einen Lehrer oder Arzt. Und irgendwann haben seine Freunde verbreitet, er sei der Sohn Gottes. Der Messias.

SP: Ich ahne Schlimmes.

TB: Wieso, was ahnst du?

SP: Na ja, stell dir doch einmal vor, jemand behauptet, er sei Gott. Die Leute halten ihn doch für verrückt. Und wenn er dann noch im Namen Gottes mit einer alten Ordnung aufräumt, alles hinterfragt ... das kann nicht gut gehen.

TB: Stimmt. Jetzt, wo du es sagst. Ich habe schon Pharisäer gehört, die hier bei mir standen und die gesagt haben: Wir müssen ihn aus der Welt schaffen.

Wir müssen ihn umbringen, denn er stiftet nur Unruhe.

SP: Siehst du! Und das war heute morgen?

TB: Ja, eben. Die müssen jetzt alle oben am Tempel sein.

SP: Du, Torbogen?!

TB: Ja? Was ist?

SP: Ich glaube, in dieser Woche wird es noch viel Ärger geben. Wenn sich das alles zuspitzt, wird vielleicht auch Blut fließen. Denn wenn er wirklich von Gott ist, dann werden sie diesen Jesus umbringen wollen.

TB: … (schweigt)

SP: Du, du sagst ja gar nichts mehr …

TB: … (schweigt)

SP: Was ist denn mit dir?

TB: Ich bin traurig. Dass Menschen so wechselhaft sein können. Es hat sich nichts geändert. Was wurden schon unter meinen Augen Menschen hier in Jerusalem umgebracht? Bis heute. Jeden Tag. Warum machen Menschen das?

SP: Ich weiß es nicht. Es macht mich auch traurig. Vielleicht sind wir Menschen eben so. Vielleicht, weil sie die Botschaft Gottes nicht hören wollen oder nicht verstanden haben …

TB: Meinst du, irgendwann wird Frieden sein, so wie dieser Jesus das gewollt hat?

SP: Ich weiß es nicht. Aber ich hoffe es.

Hoher Donnerstag/Gespräch mit dem Tisch des Abendmahlsaales

SP (Sprecher): Als sie alle gegangen waren, blieb er zurück. Dabei spielte er eine so wichtige Rolle. Der Tisch. Der Tisch im Abendmahlsaal. War er doch die tragende Mitte, um die sich alles abgespielt hat. Ich frage mich, was alles passiert ist am Tisch. Damals, vor fast 2000 Jahren ... Ich frage mich, was uns der Tisch von damals erzählen könnte.

TAS (Tisch Abendmahlsaal): Ich kann dir gerne auf deine Fragen antworten ... Wenn es dich interessiert ...

SP: Du kannst sprechen?

TAS: Ja, das kann ich. Ich habe lange geschwiegen. Ich habe während des ganzen Mahles geschwiegen. Aber all das, was ich erlebt habe, hat mich sehr belastet. Durch die vielen Jahrhunderte hindurch. Ich konnte es nie vergessen, was an jenem Abend passiert war.

SP: Möchtest du heute darüber reden?

TAS: Ja, aber es fällt mir immer noch nicht leicht. Es war kein schöner Abend.

SP: Man sagt: Jesus habe seinen Freunden die Füße gewaschen? Im Evangelium steht, sie hätten protestiert, allen voran Petrus – warum hat Jesus das gemacht? Das war doch Sache der Hausdiener ...

TAS: Ich erinnere mich, wie er vom Tisch aufstand, das Obergewand ablegte und sich niederbeugte. Wie er von Person zu Person auf den Knien rutschte und ihnen liebevoll die Füße wusch.

SP: Waren sie denn so schmutzig?

TAS: Das mit Sicherheit auch. Der Sand ... der Staub der Straße. Aber das war nicht der eigentliche Grund. Jesus wollte mehr. Ich könnte auch sagen: Damals schon war viel Sand im Getriebe bei denen, die ihm nachgefolgt waren. Und die drei Jahre, in denen er mit seinen zwölf Freunden umhergezogen war ... ja, das hatte auch viel Staub aufgewirbelt. Er war für sie so etwas wie ein Hoffnungsträger. Ein politischer Befreier, ein Reformer. Viele hatten aber vergessen, was wirklich das Anliegen Jesu war: Er wollte, dass seine Jünger dienen, nicht herrschen!

SP: Das ist ja auch so eine Sache ... mit dem Dienen ... bis heute.

TAS: Dienen ist nie einfach. Es gehört viel Demut dazu. Sich klein machen, sich niederbücken. Das war schon für die Jünger nicht leicht. Auch an diesem Abend haben sie sich – wie so oft – darüber gestritten, wer wohl der Erste unter ihnen sei. Wer wohl ganz oben stünde, wenn es darum ginge, die Macht zu ergreifen. Wer zur Linken und wer zur Rechten sitzen und mitregieren dürfe.

SP: Dann war das Beispiel Jesu sicherlich provozierend und enttäuschend?!

TAS: Allerdings. Wirklich Macht haben im Sinne Jesu, heißt ganz unten stehen, dienen. Der Letzte sein. Das sagte er auch einmal: Die Letzten werden die Ersten und die Ersten die Letzten sein. Und er sagte: Wer mir wirklich dienen will, der muss bereit sein, auch Kritik zu ertragen, zu leiden. Er nannte es: sein Kreuz auf sich nehmen.

SP: Und als er das Brot brach und den Krug mit Wein in die Runde reichte ... Wie war das? ...

TAS: Es war ein sehr ruhiger Moment. Keiner wusste so richtig, was das bedeuten sollte. Als die Schale mit dem Brot und der Krug mit dem Wein auf mir standen, ahnte ich ja auch nicht, welch tiefe Bedeutung diese beiden alltäglichen Nahrungsmittel haben würden. Aber diese einfachen Worte: »Das bin ich für euch!« änderten alles binnen Sekunden.

SP: Ich frage mich, ob wir heute immer so richtig verstehen, was wir da feiern. Manchmal kommt es mir vor, als wäre es nur noch ein Ritus, etwas, was »man« ja so macht. Ich denke an die Kommunionkinder bei uns ... ob sie begreifen, dass in diesem Stück Brot Jesus spürbar ist? Dass er wie damals da ist – wie in dem Saal, in dem du warst?

TAS: Die Jünger haben es auch erst viel später verstanden. Deshalb mach dir keine Sorgen! Selbst wenn manche Erwachsenen nichts damit anfangen können ... oder nicht mehr ... Es braucht Zeit, zu begreifen, dass das Brot und der Wein mehr ist.

SP: Die Kirche nennt es ein Sakrament. Ein heiliges Zeichen. Aber wie kann ich das den Kindern und den Erwachsenen erklären? Wir sind doch vollgestopft mit Zeichen und Fernsehprogrammen und Markenartikeln ...

TAS: Nun, erinnere sie doch daran, dass sie sich wichtige Ereignisse im Leben, zum Beispiel ein besonders schönes Geburtstagsgeschenk oder ein Hochzeitsfest auch immer wieder erzählen ... Ihr macht sogar Filmaufnahmen und Fotos davon! Das gab es bei uns damals nicht. Aber mit dem Brot und dem Wein ist es so wie mit einem Geschenk. Ihr müsst es auspacken! Benutzen! Eingepackt im Regal macht es keine Freude. Und glaub mir: Es war ein großes Geschenk, das Jesus seinen Freunden machte!

SP: Darf ich dir noch eine andere Frage stellen? Ich möchte gerne wissen, was passiert ist, als Jesus sagte, dass einer ihn verraten würde ...

TAS: Das war ein sehr, sehr trauriger Moment. Es war ganz still am Tisch. Aber unter dem Tisch gab es Unruhe. Ich hatte den Eindruck, dass einer dem anderen etwas in die Schuhe schieben wollte. Jeder stritt es ab. Als ob sie alle ihre eigene Schuld, ihre eigenen Fehler mit den Füßen unter den Teppich kehren wollten ... Keiner wollte der sein, der die Gemeinschaft zerstört. Unter dem Tisch war es sehr unruhig. Nur bei einem blieben die Füße auf dem Boden.

SP: Bei Judas?

TAS: Ja, bei Judas. Er war gefasst. Als er sich auf mir abstützte und aufstand, wusste ich, dass jetzt eine Freundschaft zerbrochen war. Zwischen ihm und Jesus.

SP: Das ist oft so im Leben. Wenn sich einer nicht an die Spielregeln hält, macht er das Spiel kaputt. Das ist bei Kindern so und bei Erwachsenen.

TAS: Ich glaube, dass Judas gar nicht so recht wusste, was er tat. Am liebsten hätte ich ihm mein Tischbein in den Weg gestellt, sodass er gefallen wäre. Dann hätte er nicht losgehen können …

SP: Aber du hast es nicht verhindert!?

TAS: Nein. Ich stand nur da. Hilflos!

SP: Auch das hat sich nicht verändert. Auch wir stehen heute oft hilflos der Gewalt und den Machenschaften von Menschen gegenüber. Wir schweigen, weil es uns die Sprache verschlägt. Wir fühlen uns hilflos, weil uns die Hände gebunden sind. Wir sind ängstlich, weil wir befürchten, dann hineingerissen zu werden. Unser eigenes Leben steht dann auf dem Spiel. Das Risiko ist einfach zu hoch.

TAS: Vielleicht war es so. Vielleicht hast du recht. Ich habe viel darüber nachgedacht. Aber was hätte ich tun können? Ich war nur der Tisch.

SP: Eine letzte Frage möchte ich dir stellen … hast du noch eine Erinnerung daran, was danach passierte?

TAS: Es ist, als wäre es gerade eben gewesen. Plötzlich brachen alle auf. Jesus sprach davon, dass seine Stunde gekommen sei. Wo eben noch gefeiert wurde, war es nun einsam. Verlassen. Jesus war plötzlich ein Einzelgänger. Allein. Sehr allein.

SP: Und du?

TAS: Auch ich blieb allein zurück. Mit den Brotresten und den halb leeren Krügen vom Wein. Es war mit einem Mal einsam um mich herum. Kannst du dir vorstellen, wie das ist?

SP: Ich erahne es! Es gibt auch in meinem Leben einsame Momente. Da bricht die ganze Welt zusammen. Jeder Mensch erlebt so etwas. Wenn Eltern geschieden werden, dann bricht für Kinder eine Welt zusammen. Die Eheleute stehen oft vor dem Abgrund. Wenn einer erfährt, dass er unheilbar krank ist, dann bricht alles zusammen. Wenn einer stirbt, reißt plötzlich, mit einem Schlag eine Verbindung ab. Wenn einer arbeitslos wird, dann steht er plötzlich vor einem Trümmerhaufen ... Ja, ich kenne das, und viele, die heute Abend hier sind, auch.

TAS: Dann wisst ihr, wie ich mich gefühlt habe. Obgleich alles vom Essen noch auf mir stand, fühlte ich mich leer und verlassen. So wichtig ich vorher war, um so verlassener und ohnmächtiger fühlte ich mich danach.

SP: Aber es ist doch auch etwas geblieben ... oder?

TAS: Ja, das Brot und der Wein sind geblieben. Sein Leib und sein Blut. Er selbst in der Erinnerung der Menschen. »Das bin ich für euch!« waren an diesem Abend seine letzten Worte.

SP: Du, Tisch! Ich möchte dir danke sagen. Du hast mir sehr geholfen. Vielleicht auch einigen hier in der Kirche. Wir werden das jetzt feiern. Wir werden jetzt auf dem großen Tisch, auf unserem Tisch, Brot und Wein bereiten. Und ich werde Gott um seinen Geist bitten, diese Worte wiederholen zu dürfen: »Das bin ich für euch!«

TAS: Das ist gut! Aber, ich habe noch etwas vergessen!

SP: Was denn?

TAS: Er hat noch etwas gesagt: Wann immer ihr zusammenkommt, dann denkt an mich! Tut das zu meinem Gedächtnis! Das ist euer Auftrag!

SP: Wir werden es tun. Wir werden es nie vergessen! Danke.

Schlussgedanken: Alle waren aufgebrochen. Der Tisch blieb einsam zurück. Mit ein paar Brotresten, leeren Krügen. Und nur ein paar hundert Meter weiter: Jesus und seine Jünger. Doch auch er war plötzlich allein im Garten. Der Mensch, mit dem eben noch gefeiert wurde, blieb zurück. Dem sie vor ein paar Tagen zugejubelt haben, einsam sitzt er nun im dunklen Garten. Stimmen der Feier und des Jubels – Spuren des Lebens sind noch zu hören. Aber: Durcheinander. Plötzlich scheint alles vorbei. Verlassen. Einsam. Dunkel. Kalt. Er fleht, er bittet, er hadert, er betet – und keiner ist da! Geblieben ist uns sein Vermächtnis: »Das bin ich für euch!« waren an diesem Abend seine letzten Worte.

Karfreitag/Gespräch mit einem Kreuzesnagel

SP (Sprecher): Was für ein tragisches Ende. Am Kreuz, erhängt, ermordet. Die Motive? Nicht ganz klar. Massenhysterie. Masseneuphorie. Folterwerkzeuge. Peitsche, Dornenkrone, Hammer, Kreuzesnagel. Wir machen uns ja keine Vorstellung davon, wie das wirklich war. Tod durch Erstickung. Kein Mensch hält das lange aus. An einem Balken hängen, an Zimmermannsnägeln, an Kreuzesnägeln aufgehangen.

KN (Kreuzesnagel): So schnell findest du also einen Schuldigen!

SP: Einen Schuldigen? Ein Nagel – ja, du hast dich doch zur Verfügung gestellt.

KN: Glaubst du vielleicht, ich hätte das gewollt?

SP: Das hat ein Judas hinterher auch gesagt. Und ein Petrus, der ihn verraten hat, der wollte auch von allem nichts mehr wissen. Und die übrigen Jünger … alle sind sie weggelaufen. Keiner wollte es.

KN: Warum verurteilst du so scharf? Bist du besser als sie?

SP: … (schweigt)

KN: Du schweigst … es ist zu leicht, auf anderen rumzuhauen. Mit dem Finger auf sie zu zeigen und sagen: Die Juden damals, die haben Jesus umgebracht. Oder: Die Römer damals, die haben ihn ans Kreuz genagelt.

SP: Schuld haben immer viele.

KN: Nein. Das stimmt nicht. Schuld trägt jede und jeder Einzelne. Nur wenn alle schweigen oder alle brüllen, dann wird es zur gemeinsamen Schuld. Kreuzzüge und Hexenverbrennungen hätten verhindert werden können, wenn Einzelne und dann auch Gruppen ihre Stimme erhoben hätten …

SP: Und was ist mit all den Kriegen auf dieser Erde? Die vielen Unschuldigen, die dabei krepieren? Kinder, Frauen, Männer?!

KN: Ich sagte es doch: Schuld trägt jede und jeder Einzelne. Wer hat denn in den römischen Stadien gejubelt, wenn Menschen den Löwen vorgeworfen wurden? Das war doch nicht nur die Masse – diese Entscheidung hat doch immer jeder selbst getroffen.

SP: Menschen denken nicht immer darüber nach, was sie tun.

KN: Ja, sie lassen sich mitreißen von der Stimmung der anderen. Auch in Jerusalem waren es einzelne Stimmen, die riefen: »Kreuzige ihn!«, und erst alle zusammen ergaben dieses furchtbare tödliche Gebrüll.

SP: Aber es gab auch einzelne Stimmen, die was anderes geschrien haben.

KN: Das ist richtig. Aber sie haben sich kein Gehör verschaffen können. So ist es auch heute bei euch Menschen! Jeder Einzelne ist schnell dabei, mit dem Finger auf einen anderen zu zeigen. Je mehr das machen, umso sicherer fühlt ihr euch und denkt: Das ist richtig so. Aber in Wirklichkeit …

SP: In Wirklichkeit schwimmen wir feige mit dem Strom – willst du das sagen?

KN: Ich möchte dir keinen Vorwurf machen. Ich bin nur ein Kreuzesnagel. Glaub mir, ich wäre gerne stumpf gewesen, aus Wachs oder ich hätte mich noch viel lieber aufgelöst. Ich war Werkzeug, fest in der Hand eines Soldaten.

SP: Manchmal bin auch ich so gefangen. Da haben mich andere in ihrer Hand. Sie benutzen mich, treiben mit mir ihr Spiel.

KN: Das kenne ich. Und ich weiß, dass ich als Kreuzesnagel keinen guten Ruf habe. Habe ich doch die Hände und Füße Jesu durchbohrt. Aber ich bitte dich auch darüber nachzudenken, was ihr heute macht: Wie viele Kriege führt ihr! Schau doch heute nach Israel! Bombenattentate, Selbstmordattentate – das sind ganz andere Waffen …

SP: Du hast ja recht. Ja, es stimmt. Wir bekämpfen uns heute mit ganz anderen Nägeln. Wir lassen es zu, dass auf Ausländer brutal eingeschlagen wird, ihre Häuser in Brand gesetzt werden. Wir lassen es zu, dass die großen Staaten ihre militärischen Spiele treiben, Kriege führen … Wir lassen es zu, dass Ehemänner ihre Ehefrauen schlagen … Wir lassen es zu, dass Kinder missbraucht und vergewaltigt werden. Wir lassen es zu, dass selbst zwischen Christen Hass und Feindschaft gesät ist, ich brauche nur nach Irland zu schauen. Und ... auch in unserer Gemeinde werden so viele verletzende Worte gesprochen ... so viele Nägel eingeschlagen ... so oft wird Jesus wieder und wieder gekreuzigt.

KN: Es hat sich wenig geändert.

SP: Aber, was können wir schon tun?

KN: Frag nicht, was »können wir« tun! Frag viel mehr: Was kannst du tun?

SP: Und? Sag es mir! Was kann ich tun?

KN: Statt zu schweigen, rede darüber! Statt dich dem Strom der Gleichgültigen anzuschließen, brich aus, stell dich dagegen! Statt tatenlos wegzusehen, sieh hin und greife ein! Es liegt an dir. Nur an dir. Dort, wo du lebst, kannst du im Kleinen die Welt verändern!

B13 Hinabgestiegen in das Reich des Todes

Themen	Jesus Christus, Karfreitag, Karwoche (↗G), Licht, Tod
Symbol/Zeichenhandlung	Blumen, Kerze, Kreuz
Zielgruppe	Jugendliche
Zeitpunkt	Karwoche (Karfreitagabend)
Dauer	2 Stunden
Inhaltliches Ziel	Die Jugendlichen gestalten eine eigene Liturgie vom Karfreitag und der Grablegung (Gruppengottesdienst)
Bibelstelle	Johannes 18,1–19,30 (Das Leiden Jesu) sowie Johannes 19,31–42 (Die Bestattung Jesu)
Material	Holzkreuz, Leinentuch, Totenleuchte, Blumen, Teelichter, Liedzettel
Lieder/Musik	Jesus, remember me (Taizé) Holz auf Jesu Schulter (U 94)
Vorbereitung	Ein großes Holzkreuz liegt auf dem Boden in der Mitte des Raumes. Das Material liegt dort bereit.

Verlauf

Ankommen

Die Teilnehmer treffen sich in einem Raum. Das Holzkreuz liegt auf dem Boden. Man beginnt mit einem kurzen Gebet und einer Zeit der Stille. Dann folgt das abwechselnde Lesen der Passionsgeschichte nach Johannes 18,1–19,30) oder wie im Lektionar VIII (↗G) in drei verteilten Rollen. Alternative: Statt in einem Raum kann das Kreuz auch auf den Weg (Kreuzweg) mitgenommen werden. Es werden mehrere Stationen gemacht und dort die Textabschnitte vorgetragen.

Begegnung

Lesen der Passion bis Johannes 19,27. Das Kreuz wird aufgerichtet. Frage an die Jugendlichen: ***»Wenn ich unter dem Kreuz stünde, was würde ich Jesus gerne noch sagen wollen? Habe ich eine Frage an ihn? Eine Bitte?«*** Aktion: Die Teilnehmer schreiben ihre Gedanken auf, lesen sie vor und legen sie vor das Kreuz. Nach jedem Beitrag folgt als Gesang: »Jesus, remember me« (Taizé).

Herrichtung des Heiligen Grabes

Die Lektüre von Tod und Grablegung Jesu (Johannes 19,28–30) wird fortgesetzt. Nach dem Todesmoment herrscht Stille. Dann folgt der Textabschnitt über die Bestattung (Johannes 19,31–42). Die Teilnehmer richten nun ein »Heiliges Grab« ein: Sie legen das Kreuz hin und bedecken es mit einem weißen Leinentuch, stellen die Grableuchte daneben. Es folgt stilles Gedenken: Blumen werden ans Grab hingelegt, eine Kerze aufgestellt.

Abschluss

Schlusslied und Heimgehen in Stille.

B14 Wie der Ton in der Hand

Themen	Jeremia, Pfingsten
Symbol/Zeichenhandlung	Blind sein, töpfern, Augenbinde, Ton
Zielgruppe	Jugendliche
Zeitpunkt	Nachmittag oder Abend
Dauer	2 Stunden
Inhaltliches Ziel	Der Mensch als Geschöpf Gottes ist kostbar in den Augen Gottes. Ihm wohnt der Schöpfergeist inne. Er ist wie ein Stück Ton, das zu einem Kunstwerk geformt wird
Bibelstelle	Jeremia 18,1–6 (Das Gleichnis vom Töpfer)
Material	Ton, Augenbinden (Tücher), Schälchen mit Wasser für jeden Teilnehmer, Tische mit geeigneten Decken oder Holzplatten
Lieder/Musik	Löscht den Geist nicht aus (H 147, U 120) Wes Geistes Kind sind wir (H 143) Dein Geist weht, wo er will (H 145)
Vorbereitung	Tische werden mit Holzplatten oder Decken vor Verunreinigungen geschützt, ggf. wird der Ton schon vorher in kleine Portionen aufgeteilt; CD-Spieler anschließen, weiteres Material bereitlegen.

Verlauf

Material kennenlernen

Die Teilnehmer sitzen an Tischen mit einem Stück Ton, den sie zunächst frei bearbeiten und so ein Gefühl für das Material entwickeln können.

Tonarbeit

Danach bekommen die Teilnehmer die Augen verbunden. Sie werden gebeten, schweigend und »blind« irgend etwas zu formen (nach Möglichkeit keine Vase oder Aschenbecher). Musik im Hintergrund soll dabei anregen. Bei notwendigen Hilfestellungen geben die Teilnehmer Handzeichen.

Ausstellung

Nach Abschluss der Tonarbeit: Der Bibeltext (Jeremia 18,1–6, Das Gleichnis vom Töpfer) wird gelesen und die fertigen Kunstwerke als Ausstellung aufgebaut. In einem Gespräch wird die Verbindung erarbeitet zwischen Gott und seinen »geformten« Geschöpfen, zwischen unserem Innersten und den geformten Kunstwerken.

Schreibwerkstatt

Die Teilnehmer werden abschließend gebeten, selbst einen kleinen Text zu einem der Gegenstände zu verfassen (Alternative: Text vielleicht auch zu einem Gegenstand eines anderen Teilnehmers verfassen). Impulsfragen: ***»Was seht ihr? Welche Gefühle werden für mich ausgedrückt? Welche Geschichte könnte sich hinter dem Kunstwerk verstecken?«***

Abschluss

Freie Gebete, Vaterunser und Segen schließen die Aktion ab.

B15 Der Geist bewegt

Themen	Pfingsten, Heiliger Geist
Symbol/Zeichenhandlung	Malen, Bild, Tuch
Zielgruppe	Jugendliche, Erwachsene
Zeitpunkt	Tag um Pfingsten herum
Dauer	2 Stunden
Inhaltliches Ziel	Die Teilnehmer sollen erfahren, wie inspirierend die biblische Lesung für Glauben und Kreativität sein kann, und dass bei aller Einzigartigkeit jedes Menschen doch ein gemeinsames Werk entstehen kann
Bibelstelle	1 Korinther 12,4–31a (Die verschiedenen Gaben des Heiligen Geistes)
Material	Plakatkarton und Stifte, Stoffbahnen, Abtönfarben (rot, gelb und orange), Tische, Unterlagen, Pinsel, Becher, Wasser
Lieder/Musik	Löscht den Geist nicht aus (H 147, U 120) Wes Geistes Kind sind wir (H 143) Dein Geist weht, wo er will (H 145)
Vorbereitung	Stuhlkreis oder direkt Stühle an Tischen vorbereiten; genügend Platz für die Malaktion; Unterlagen für die Tische oder den Boden, damit die Farbe im Haus nichts verdreckt.

Verlauf

Brainstorming

Spontane Sammlung von gedanklichen Verknüpfungen der Teilnehmer zum Thema »Geist/Heiliger Geist« auf einem großen Plakatkarton; dabei kann Musik gespielt werden.

Besprechung

Kurze Besprechung der Begriffssammlung. Verbindungen und Begriffsgruppen können verschiedenfarbig gekennzeichnet werden. Vielleicht ergeben sich schon Anklänge an das biblische Verständnis von Geist und Geistesgaben, bzw. Charismen. Sonst kann darauf hingewiesen werden.

Aktion

Anschließend werden gleichformatige Stoffe für jeden Teilnehmer sowie für jeden Farbe und Pinsel ausgeteilt. Zwei- bis dreimal wird der Abschnitt 12,4–31a aus dem Ersten Korintherbrief vorgelesen. Möglichst abstrakt sollen die Teilnehmer ihre Gedanken dazu in Farben und Formen auf dem Stoff umsetzen (Hinweis: vorher den Unterschied zwischen abstrakter und gegenständlicher Malerei erläutern). Zwischen den Lesungen kann Musik gespielt werden.

Austausch

Die verschiedenen Stoffe werden zu einem großen Tuch zusammengelegt (und nach dem Trocknen zu einem späteren Zeitpunkt zusammengenäht). Es folgt ein Gespräch mit den Impulsfragen: ***»Was ist aus unseren Gedanken geworden? Was wiederholt sich in unseren Bildern? Was ist einzigartig? Was verrät uns unser Werk über unseren Glauben?«***

Abschluss

Lied, Gebet und Segen schließen den Gottesdienst ab.

B16 Sammelt euch Schätze im Himmel!

Themen	Jesus Christus, Ferien, Freizeit, Reise, Unterwegs, Urlaub
Symbol/Zeichenhandlung	Rucksack, Steine
Zielgruppe	Urlauber jeden Alters
Zeitpunkt	Ferienzeit
Dauer	Ca. 45–60 Minuten
Inhaltliches Ziel	Viele Erfahrungen, Eindrücke und Bequemlichkeiten prägen unser Leben. Manches von all dem kann symbolisch in einem Rucksack verstaut sein. Manches können wir loslassen, anderes behält seine Bedeutung. Gott will unseren Blick auf das Wesentliche lenken. Dabei kann dieser Gottesdienst helfen
Bibelstelle	1 Petrus 5,7 (Sorglosigkeit vor Gott), Matthäus 6,19–21.25–34 (Rechte und falsche Sorge)
Material	Rucksack, Sonnencreme, Kompass, Taschenlampe, Messer, Verpflegung, Buch und andere Gegenstände für den Urlaub, für körperliche, geistige und seelische Erholung, große Schale mit Kieselsteinen oder ähnliche Steinen, Pick-nick-Decke, leichtes Tuch
Lieder/Musik	Alle eure Sorgen werft auf ihn, denn er sorgt für euch (T 503) Lass die kleinen Dinge (Dw 10) Herr, mache mich zum Werkzeug deines Friedens (H 67) Wo Menschen sich vergessen (H 65, U 109) Manchmal feiern wir mitten im Tag (H 138, U 30)
Vorbereitung	Stuhlkreis, Gegenstände liegen auf einer Pick-nick-Decke in der Mitte, zugedeckt mit einem leichten Tuch, Rucksack und Schale mit Steinen stehen daneben, Altar oder Kreuz in Reichweite, außerhalb des Kreises.

Verlauf

Einstieg

Lied und Kreisgespräch, über die Situation, aus der die Teilnehmer kommen. Impulsfrage: ***»Mit was habt ihr euch zuletzt vor dem Urlaub/ den Urlaubsvorbereitungen beschäftigt?«***

Aktion

Die Gegenstände auf der Picknickdecke werden gezeigt. Mit den Teilnehmern wird spielerisch überlegt, was für einen gelingenden Urlaub in den Rucksack hineinmuss. Nach einem Lied stellt ein Rucksackträger fest, dass dieser zu schwer ist. Willkürlich werden Gegenstände herausgenommen. Gemeinsam wird überlegt, ob man darauf verzichten kann und welche Situationen es geben könnte, bei der man diese nicht braucht (z. B. einen Kompass bei einer Wanderung auf bekannten Wegen).

Vertiefung

Der Rucksack wird mit dem Leben verglichen. Manchen Ballast könnte man mal wieder herausnehmen (z. B. das alte Fahrrad in der Garage, der Ärger über den letzten verregneten Sommer, das überfällige Gespräch mit einem Arbeitskollegen etc.). Weitere Beispiele werden gesucht. Mancher fügt vielleicht ein echtes Beispiel aus seinem Leben an. Dazu werden alle gebeten, aus einer Schale mit Steinen einen oder mehrere zu nehmen und diese auf den Altar oder vor ein Kreuz außerhalb des Stuhlkreises zu legen. Die Steine sind Symbolträger für die »Altlasten«. Diese Steine können für den einzelnen Teilnehmer einen Namen tragen, den er sagen kann oder für sich behält.

Gebet

Manches davon kann vielleicht zu einem Gebet, einer Fürbitte werden. Zwischen den Gebeten folgt der Ruf »Alle eure Sorgen werft auf ihn, denn er sorgt für euch«.

B17 Jesus nimmt frei

Themen	Jesus Christus, Pippi Langstrumpf, Tom Sawyer, Ferien, Freizeit, Urlaub
Symbol/Zeichenhandlung	Erzählen, Film
Zielgruppe	Ältere Jugendliche, Verantwortliche in der Jugendarbeit
Zeitpunkt	Jederzeit möglich
Dauer	Ca. 1,5–2 Stunden
Inhaltliches Ziel	Das Freizeitverhalten von Kindern und Jugendlichen ist aus der Sicht von Älteren manchmal schwer zu verstehen. Es hat aber Aspekte, die man von Jugendlichen lernen kann. Am Beispiel der Geschichte von Jesus, der einen Tag frei nimmt, soll deutlich werden, welchen Wert Nichtstun bzw. Sport oder Spaß haben kann
Bibelstelle	Genesis 2,1–4a (Siebenter Schöpfungstag) und Markus 6,30–34 (Jesu Einladung zur Ruhe)
Material	Buch: N. Allan, Jesus nimmt frei, Limburg 1999 (ggf. als Powerpoint-Präsentation, dann aber Urheberrechte beachten). Blatt mit Impulsfragen, Stifte, Papier, eventuell einen markanten Filmausschnitt aus »Pippi Langstrumpf« oder »Tom Sawyer« zum Thema »frei machen«
Lieder/Musik	Ein Funke aus Stein geschlagen (H 111) Mit der Erde kannst du spielen (H 94) Einer ist unser Leben (H 54) Frieden für alle Welt (H III 104) Wäre Gesanges voll unser Mund (S 17, KJG 154) Und ein neuer Morgen (KJG 152) Suchen und Fragen (H 68) Ubi Caritas (Taizé)
Vorbereitung	Raum mit Stühlen für Gottesdienst vorbereiten, Technik für die Powerpoint-Präsentation oder den Film.

Verlauf

Einstieg

Der Gottesdienst beginn mit den liturgischen Elementen der Eucharistiefeier (↗G) bis zum Tagesgebet.

Impuls

Die Geschichte von Jesus, der frei nimmt, wird erzählt und ggf. mit einer Powerpoint-Präsentation begleitet. Alternativ: Ausschnitt aus »Pippi Langstrumpf« kann gezeigt werden. Pippi ist die Meisterin des kreativen Nichtstuns und kann uns lehren, selbst gelassen mit uns und jungen »Nichtsnutzen« zu sein (ebenso Tom Sawyer).

Lesung

Genesis 2,1–4a (Siebenter Schöpfungstag) und Markus 6,30–34 (Jesu Einladung zur Ruhe)

Predigtgespräch

In Gruppen zu 5–10 Teilnehmern wird der Leitgedanke anhand eines Fragezettels besprochen. Impulsfragen für das Predigtgespräch: ***»Wir würde ein geschenkter Tag bei euch aussehen? Warum ist für Jesus/Gott freie Zeit wichtig? Was für einen Sinn hat Freizeit für euch? Welche Chancen und Risiken kann Freizeit haben? Seht ihr das Recht auf Freizeit in Gefahr? Wie kann es ggf. gesichert werden?«*** Aus dem Gespräch ergeben sich sicherlich Gedanken, die zu einer Fürbitte werden könnten.

Gebet

Jede Gruppe betet ihre Fürbitte/n vor, begleitet von einem Liedruf, z.B »Ubi Caritas (Taizé)«.

Eucharistiefeier

Die Feier der Eucharistie (↗G) lenkt den Blick auf Christus, der uns im Brot und in den Menschen begegnet. Auch wenn es sinnvoll scheint, keine Eucharistie zu feiern, empfehlen sich Elemente, Gebete und Gedanken, die auf Christus als denjenigen hinweisen, der unsere Mitte ist und uns immer wieder Kraft geben kann.

B18 Ich taufe dich in Gottes Namen! – Taufkatechese für Eltern und Paten

Themen	Jesus Christus, Johannes der Täufer, Licht, Taufe
Symbol/Zeichenhandlung	Salben, taufen, Kreuz, Tuch, Wasser
Zielgruppe	Eltern und Paten von Kleinkindern, die auf die Taufe vorbereitet werden
Zeitpunkt	Einige Wochen/wenige Tage vor der Taufe
Dauer	2 Stunden
Inhaltliches Ziel	An einem Abend werden die Eltern und Paten eines Täuflings (oder mehrerer) auf die Tauffeier vorbereitet
Bibelstelle	Matthäus 3,13–17 (Die Taufe Jesu) und Parallelstellen
Material	Rundes weißes Tuch (Durchmesser 150 cm), zwei längliche braune Tücher, folgende farbige quadratische Tücher (40x40 cm): grün, blau, rot, gelb; Bibel, eine Schale und ein Krug mit Wasser, Gefäß mit Chrisamöl (↗G), eine Kerze und Streichholz; ein Stein von der Berliner Mauer (Symbol der Befreiung oder Freiheit) oder auch eine Rose (Symbol der Liebe); zahlreiche Impulsbilder, CD-Player mit Musik, Liedzettel, Handtuch
Lieder/Musik	Gottes Wort ist wie Licht in der Nacht (H 80, U 41) Das ist der Tag, den Gott gemacht (GL 220,3: »Wir sind getauft auf Christi Tod«) Die Sache Jesu braucht Begeisterte (SdH 148) Du bist das Licht der Welt (SdH 267) Fest soll mein Taufbund (GL, Anhänge)
Vorbereitung	Das Material wird auf dem weißen Tuch verteilt, CD-Player vorbereiten, Handtuch und Bibeltexte an einer Seite bereitlegen.

Verlauf

Einstieg

Die Teilnehmer suchen sich nach der Begrüßung ein oder zwei Impulsbild(er) aus (Musik im Hintergrund), welche(s) sie mit der Geburt ihres Kindes/Patenkindes bzw. der Taufe verbinden. Sie stellen sich selbst und das zu taufende Kind vor, beschreiben ihre Gedanken zu dem Bild/ den Bildern und erklären auch, wieso sie diesen oder jenen Namen für ihr Kind gewählt haben.

Kreuzungspunkt

Der Leiter bittet darum, dass die Impulsbilder um das weiße Tuch herum (liegt am Boden) an den Außenrand gelegt werden. Auf das weiße Tuch legt er nun die beiden braunen länglichen Tücher in Kreuzform und benennt die Taufe als einen »Kreuzungspunkt« im Leben. Gleichzeitig beschreibt er das Kreuz als Zeichen des christlichen Glaubens, mit dem jeder Gottesdienst begonnen und das auch auf die Stirne des Kindes gezeichnet wird.

Symboldeutung

Danach legt er z.B. den Stein oder die Rose in die Mitte auf den Kreuzungspunkt und erzählt entweder »als« Stein die Geschichte einer Befreiung und endet mit dem Gedanken: ***»Dieser Stein ist ein Symbol, vielleicht sogar ein »Sakrament« der Freiheit.«*** Ähnlich kann man mit der Rose verfahren. Es sind auch andere Gegenstände möglich, die eine tiefere Bedeutung haben.

Weg zur Taufe

Damit wird der Bogen geschlagen vom Gegenstand zum Symbol, vom Symbol zum Sakrament, vom Sakrament zur Bedeutung der Taufe des Kindes. Im Folgenden geht es um die Einzelteile der Tauffeier: Das grüne Tuch wird in eine erste Kreuzecke gelegt – die Teilnehmer verbinden selbst mit der Farbe ein Gefühl oder einen Gefühlsausdruck (z. B. Hoffnung). Die Bibel wird offen aufgeschlagen und auf das Tuch gelegt als »Buch der Hoffnung«, es kann das Lied gesungen werden: »Gottes Wort ist wie Licht in der Nacht (H 80, U 41)«.

Taufgedächnis

Dann wird das blaue Tuch in eine weitere Kreuzecke gelegt. Die Schale mit Wasser wird gefüllt (evtl. durch die Teilnehmer). Anschließend kann jeder Teilnehmer seine Hände in Wasser tauchen (Handtuch bereithalten). Der Leiter erschließt mit den Teilnehmern die Bedeutung von Wasser. (Lied: »Wir sind getauft auf Christi Tod (H 80, U 41)« oder »Das ist der Tag, den Gott gemacht« (GL 220, 3)) Das rote Tuch wird auf eine weitere Kreuzesecke gelegt. Darauf wird das Gefäß mit Chrisamöl gestellt. Die Bedeutung von Salbe und Creme und damit auch die Heilungsfunktion der Salbung wird erschlossen. Es wird aber auch an die Königssalbung (1 Samuel 16, 12b–13) erinnert. Es folgt als Lied: »Die Sache Jesu braucht Begeisterte« (SdH 148). Das gelbe Tuch wird ebenfalls in eine Kreuzecke gelegt. Der Leiter weist auf die Verbindung der Farbe mit Licht hin. Eine Kerze wird entzündet und auf das Tuch gestellt. Man kann auch kurz das Licht ganz ausschalten und das Kerzenlicht wirken lassen. Als Lied folgt: »Du bist das Licht der Welt« (SdH 267).

Vertiefung

Ein Gespräch über die Taufe und die Bedeutung der Paten schließt sich an. Abschluss mit Vaterunser und einem Lied: »Fest soll mein Taufbund« (GL, Anhänge).

B19 Getauft auf Jesu Namen – Taufkatechese für Kinder

Themen	Jesus Christus, Jona, Ostern, Taufe
Symbol/Zeichenhandlung	Salben, taufen, Kerze, Öl, Tuch, Wasser
Zielgruppe	Ungetaufte und getaufte Kommunionkinder
Zeitpunkt	Wochen vor der Taufe (Empfehlung: Taufe in der Osternacht)
Dauer	2 Stunden
Inhaltliches Ziel	Die Kinder sollen im Rahmen der Kommunionvorbereitung den Sinn und die Bedeutung der Taufe erlernen. Ziel ist die Taufe eines Kommunionkindes in der Osternacht
Bibelstelle	Jona, Matthäus 28,16–20 (Jesu Auftrag)
Material	Schale mit Wasser, blaues Tuch, Liederbücher, Kerze, Streichholz, Plakate und Eddings, CD-Player, CD mit Musik und Wassergeräuschen, Decken, Plakate mit Bildern und Textpassagen, diverse Farbtücher (braun, grün, blau, rot, gelb, rot), Bibel, Krug, Ölgefäß, Kerze, rote Rose
Lieder/Musik	Ins Wasser fällt ein Stein (SdH 150) Zeige uns den Weg (H 84, U 84)
Vorbereitung	Stuhlkreis, Kerze, Schale und Krug mit Wasser in der Mitte; das weitere Material steht bereit, u. a. auch die Decken für die Phantasiereise (ggf. im Nachbarraum).

Verlauf

Einstieg

Zu Beginn sitzen die Kinder im Stuhlkreis. Als Eingangslied wird »Ins Wasser fällt ein Stein« (SdH 150) gesungen und ein Gebet gesprochen. Die Kerze wird entzündet. Die Schale wird mit Wasser gefüllt und den Kindern gereicht. Die Teilnehmer sollen die Hände ins Wasser tauchen: ***»Wie fühlt es sich an? Woran denkst du jetzt? Was fällt dir alles zu Wasser ein?«*** – Spontane Ideen werden gesammelt und in eine Tabelle mit zwei Spalten (gut/schlecht) eingetragen. Ziel: Wasser hat gute und schlechte Eigenschaften bzw. Auswirkungen.

Phantasiereise

Es folgt eine Phantasiereise zum Wasser (siehe Anhang). Die Teilnehmer legen sich auf Decken auf den Boden. Den Abschluss bildet eine Austauschrunde über die Erfahrungen während der Reise.

Bibelgespräch

Die Jona-Geschichte (siehe Anhang) soll bearbeitet werden. Mehrere Plakate, welche die Geschichte erzählen, liegen durcheinander auf dem Boden. Die Kinder sollen sie in eine Ordnung bringen. Zusätzlich können Texte auf Zetteln bereitgestellt werden, die zugeordnet werden sollen. Anschließend wird die Jona-Geschichte erzählt oder vorgelesen. Impulsfragen: ***»Womit könnte man denn die Erfahrung des Jona im Walfischbauch vergleichen? Habt ihr eine Idee, was die Geschichte auch mit der Taufe von N.N. (Name) zu tun hat?«*** (Lösung: Geburtsvorgang und Taufe als ein Hineingeworfenwerden ins Leben)

Katechese

Es folgt eine Taufkatechese – z. B. in Anlehnung an den vorangegangenen Baustein (B18) in einer kindgemäßen Sprache (beginnend mit dem Kreuz in der Mitte). Die Teilnehmer können sich in diesem Fall die Bedeutung der Farben der einzelnen Tücher selbst erschließen.

Abschluss

Gebet, Lied »Zeige uns den Weg« und Segen.

Anhang zu Baustein 19

Phantasiereise

Atme tief ein und aus.
Du liegst auf der Erde und bist ganz eng mit dem Boden verbunden.
Spüre einmal, wo dein Kopf liegt, deine Schultern und dein Rücken.
Spüre deinen Po und deine Beine und die Füße.
Halte die Augen geschlossen.
Versuche, dich auf die Musik zu konzentrieren.
Höre ganz tief in dich hinein.
Denk dir, du wärest ganz allein.
Stell dir vor, du lägest nicht in diesem Raum, sondern irgendwo auf einer Wiese.
Ein herrlicher Sommertag. Die Sonne scheint warm.
Du siehst die Wiese vor deinem inneren Auge.
Du siehst die Blumen und hörst die Vögel.
Stell dir vor, du gehst barfuß durch die Wiese.
In der Nähe plätschert ein kleiner Bach.
Kannst du ihn hören?
Geh am Bach entlang.
Trau dich, deine Füße ins Bachbett zu stellen.

Spürst du die angenehme Kühle und Frische des Wassers?
Du gehst durch den Bach über kleine und große Steine.
Manchmal ist der Bach etwas tiefer.
Das Wasser reicht dir dann bis zu den Knien.
Manchmal musst du etwas klettern.
Langsam wird das Wasser um dich herum tiefer.
Immer mehr Wasser ist da.
Der Bach ist zu einem kleinen Fluss geworden.
Du beginnst zu schwimmen und lässt dich vom Strom des Flusses leiten.
Der Fluss trägt dich und du kannst sogar auf dem Rücken schwimmen.
Du kannst jetzt den Himmel sehen.
Du schließt die Augen und genießt diesen Moment.
Das Wasser trägt dich sanft und gleichmäßig.
Dann drehst du dich um und tauchst in die Tiefen des Flusses.
Du machst dir keine Sorgen um deine Luft.
Du atmest im Wasser wie ein Fisch.
Der Fluss zeigt dir alle Reichtümer, die er in sich birgt.
Du siehst alte Autoreifen und einen Klappstuhl.
Du siehst sogar ein altes Fahrrad.
Du kannst die vielen Fische sehen, die dich auf deiner Reise begleiten.
Sie schauen dich an und fragen dich: Woher kommst du?
Du flüsterst ihnen zu: Aus dem Land der Menschen.
Du schwimmst und schwimmst immer weiter.
Dann plötzlich merkst du, wie das Wasser ganz lebendig wird.
Du bist in einem großem Meer angekommen.
Viele Wellen sind um dich herum.
Das Wasser schmeckt jetzt ganz salzig.
Immer schneller kannst du schwimmen.
Um dich herum sind plötzlich viele Delphine.
Sie begrüßen dich und nicken mit dem Kopf.

Sie springen im Wasser und du machst es ihnen nach.
In die Höhe springst du und gleitest dann wieder ins Wasser.
So schwimmst du und du spürst, wie befreiend das ist.
Dann, in der Ferne, kannst du eine Insel erkennen.
Land liegt vor dir. Palmen und Sträucher.
Du verabschiedest dich von deinen neuen Freunden.
Das Wasser wird ruhiger und du spürst auch den Sand unter den Füßen.
Du richtest dich auf.
Du kannst bereits im Wasser gehen.
Jetzt reicht dir das Wasser nur noch bis den Knien, jetzt bis zu den Knöcheln.
Jetzt bist du am trockenen Sandstrand.
Die Sonne scheint noch immer.
Du legst dich in den warmen Sand.
Und du spürst, wie gut es dir getan hat.
Genieße dieses Gefühl noch für eine Weile.
Atme tief ein und aus.
Langsam verabschiedest du dich von der Insel und vom Meer.
Du atmest tief ein und aus.
Jetzt öffnest du langsam die Augen.
Du kommst wieder hier in diesem Raum an.
Du streckst und reckst dich nach allen Seiten.

Die Geschichte des Propheten Jona

Eines Tages erhielt der Prophet Jona den Ruf Gottes. »Jona! Geh nach Ninive! Sag den Leuten, dass sie besser miteinander leben sollen! Sie sind so gemein zueinander!« Jona aber kannte die Stadt Ninive. Dort lebten böse Menschen. Jona hatte Angst vor ihnen.

Jona sagte sich: »Die Menschen in Ninive waren noch nie gut. Die werden sich auch nicht bessern, wenn ich zu ihnen spreche. Im Gegenteil. Wahrscheinlich werden sie mich noch umbringen!« Daher machte er sich aus dem Staub und wanderte genau in die andere Richtung, nach Jafo, wo er sich ein Schiff nahm und Richtung Tarschisch fuhr.

Im Schiff fuhr er unten im Frachtraum mit. Er war müde. Er hatte zu nichts Lust. Überhaupt wusste er nicht so richtig, wozu er überhaupt lebte. Er träumte und träumte – bis er plötzlich von einem starken Sturm jäh aus der Ruhe gerissen wurde.

Das Schiff war in einen riesigen Sturm geraten. Es schwankte nach allen Seiten und drohte unterzugehen. Aus lauter Angst schrieen die Seeleute um Hilfe. »Hilfeeeeeeeee!« Jona aber lag im Schiffsbauch und fürchtete sich noch mehr. Sollte der Sturm die Strafe dafür sein, dass er nicht nach Ninive gegangen war? Jona bekam ein schlechtes Gewissen.

Die Seeleute überlegten, was sie gegen den Sturm tun könnten. Sie warfen zunächst alles über Bord, was ihnen nutzlos erschien. Plötzlich rief einer: »Der blinde Passagier hat uns das eingebrockt! Vielleicht flüchtet er und jetzt sind die Götter böse!«

Sie suchten Jona und fanden ihn. Jonas Angst war riesengroß. Die Seeleute befragten ihn und er erzählte schließlich, dass er vor Gott auf der Flucht war. Dann sagte er: »Nehmt mich! Werft mich über Bord. Dann wird das Meer wieder ruhig.« Das taten sie auch. Sie warfen Jona über Bord.

Jona sank in die Tiefen des Meeres hinab. Es kam ihm alles wie ein Traum vor. Der Sturm hatte sich tatsächlich gelegt. Jona war jetzt ganz allein. Immer tiefer sank er im Wasser. Plötzlich spürte er, wie er durch einen gewaltigen Sog angezogen wurde. Ein riesiger Walfisch kam von hinten näher. Jona strampelte und schwamm und schwamm. Aber das riesige Maul des Walfischs umfasste ihn und plötzlich war alles ganz dunkel.

Als er wieder zu sich kam, saß er mitten im Bauch des Walfischs. Es stank ganz furchtbar und es war stockdunkel. Jetzt betete Jona. »Herr, ich weiß, dass ich vieles falsch gemacht habe. Es tut mir leid. Ich hatte solche Angst, aber jetzt habe ich noch viel mehr Angst! Schenk mir mein Leben zurück!«

Jona betete und betete. Er weinte. Es ging ihm schlecht. Dann fiel er in einen tiefen Schlaf. Dann gab es einen Ruck, Jona spürte einen Luftzug, dann purzelte er durch die Luft und fand sich auf trockenem Boden wieder. Er selbst war ganz nass und stank nach Fisch. Aber das störte ihn nicht. Er war wieder draußen und: Er war am Leben. Jona fühlte sich wie neugeboren! Er war glücklich! Und: Er dankte Gott.

Sogleich machte er sich auf den Weg nach Ninive, so wie Gott es ihm gesagt hatte. Unterwegs überlegte er, was er den Leuten von Ninive sagen könnte und recht bald wurde ihm klar: Er würde nur seine eigene Geschichte erzählen müssen. Er musste mit sich und seinem Leben beginnen. Dass er selbst nicht auf Gott gehört hatte und wie er floh und dann doch entdeckt wurde. Er würde auch erzählen, wie viel Angst er hatte.

So predigte Jona drei Tage lang in Ninive. Die Leute scharten sich – wo immer er in der Stadt auftauchte – um ihn und hörten ihm sehr aufmerksam zu. Der König von Ninive war beeindruckt. Ebenso alle anderen Bewohner. Da bekannten sie auch ihre Schuld, zogen Bußgewänder an und beteten zu Gott. Und Gott? Gott schenkte auch ihnen neues Leben. Sie durften einen Neuanfang wagen, wie Jona, als er aus dem Bauch des Walfischs gespieen worden war.

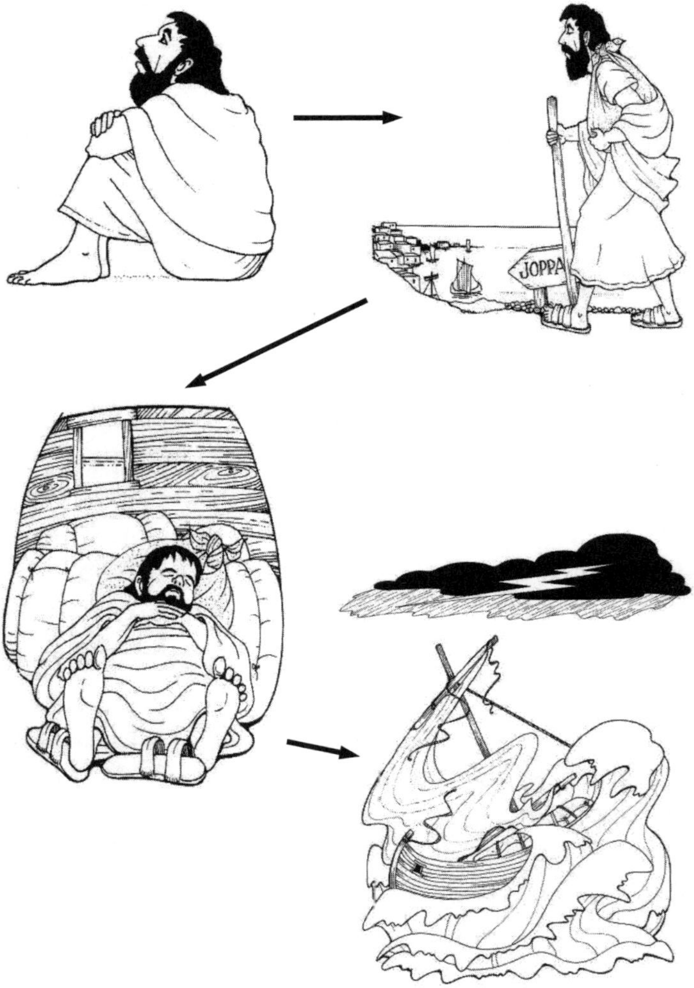
JOPPA

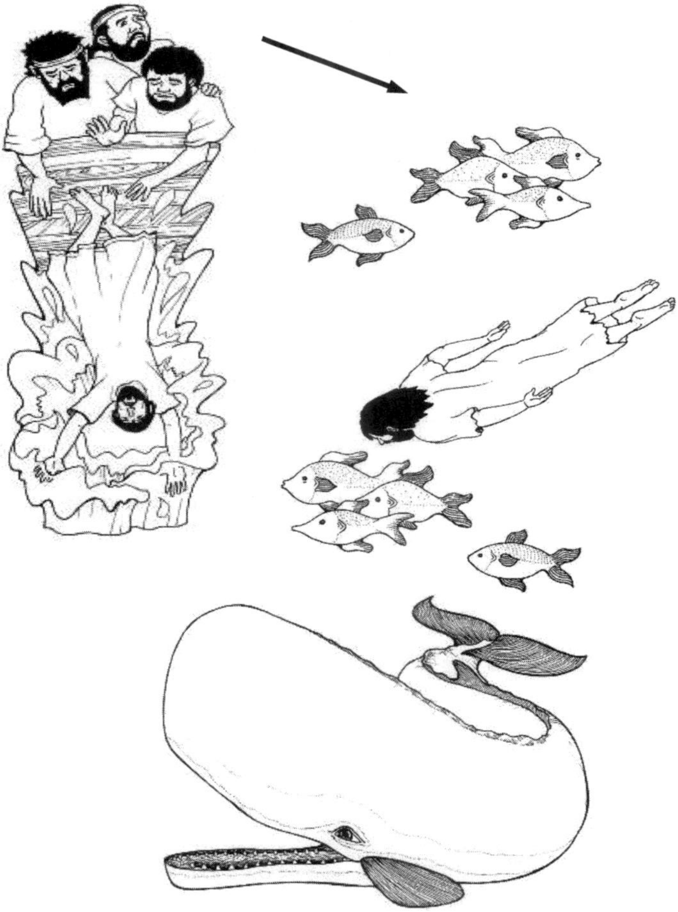

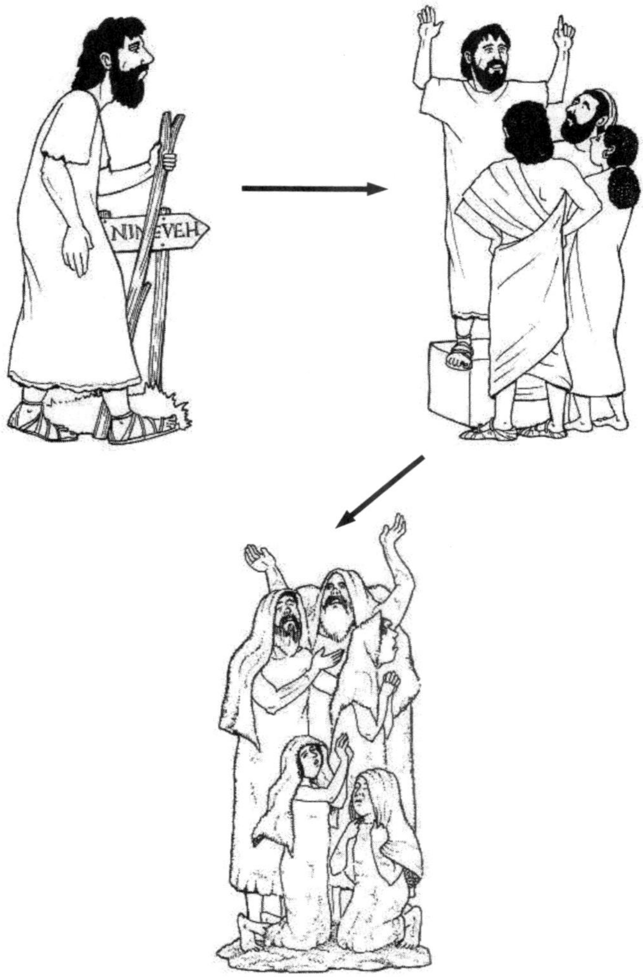
NINEVEH

B20 »Steh auf und iss ...«

Themen	Elija, Emmaus-Jünger, Erstkommunion, Eucharistie (↗G), Heilige Messe, Unterwegs
Symbol/Zeichenhandlung	Backen, Brot, Tuch, Wein
Zielgruppe	Erstkommunionkinder und deren Familien
Zeitpunkt	Zeit der Vorbereitung auf die Erstkommunion
Dauer	Ca. 1,5 Stunden
Inhaltliches Ziel	Brot und Wein sollen als stärkende Elemente für Glauben und Leben begriffen werden. Der liturgische »Rahmen« wird bewusst durch Gestaltung der Heiligen Messe gesetzt
Bibelstelle	1 Könige 19,1–8 (Elija in der Wüste) und/oder Lukas 24,13–35 (Der Weg nach Emmaus)
Material	Verschiedene Brotsorten, Zutaten für Brot, farbige Tücher, Stifte, Plakatkarton
Lieder/Musik	Wir gehen unsere Wege (H 139) Durch das Dunkel hindurch (EH 112) Brot, das die Hoffnung nährt (H 59) Unter uns (KJG 150) Herr, wir bringen in Brot und Wein (GL 534) Wenn das Brot, das wir teilen (H 73)
Vorbereitung	Ein Raum (Kapelle) wird für die Feier der Heiligen Messe vorbereitet, andere Räume für die jeweiligen Stationen.

Verlauf

Einstieg

Beginn des Gottesdienstes mit Kreuzzeichen, liturgischer Begrüßung und Eingangslied.

Einführung

Die vielseitigen Bedeutungen von Brot im Alltag werden in kleinen Gruppen erarbeitet: Erwachsene und Kinder (gemischte Gruppen) durchlaufen einzelnen Stationen, z.B. Brotsorten schmecken, Brotlieder-Raten, Werdegang des Brotes mit Farben erschließen (braun = Erde, grün = Pflanzen, gelb = Korn/Sonne, weiß = Mehl, blau = Wasser, rot = Feuer), Brotbegriffe aufschreiben (z.B. verschiedene Sorten), Zutaten für Brot erriechen.

Gespräch

Nach dem »Stationslauf« kommen alle wieder zusammen und erzählen von ihren Erfahrungen. Ein Dankgebet (= Tagesgebet der Messe) schließt die Runde ab.

Wortgottesdienst

In Lesung und Evangelium sollen die Kinder hören, dass Brot auch in der Bibel wichtig war und übertragende Bedeutung hat. Darüber kann man sich in einem offenen Predigtgespräch austauschen.

Eucharistiefeier

Nach (Credo und) den Fürbitten wird die anschließende Eucharistiefeier (↗G) bewusst als Höhepunkt des Tages eingeführt. Die Kinder sollten bei der Gabenbereitung helfen.

B21 »... und alle aßen und wurden satt.«

Themen	Jesus Christus, Erstkommunion, Eucharistie (↗G)
Symbol/Zeichenhandlung	Backen, essen, Brot, Wein
Zielgruppe	Erstkommunionkinder und deren Familien
Zeitpunkt	Zeit der Vorbereitung auf die Erstkommunion
Dauer	Ca. 1,5 Stunden
Inhaltliches Ziel	Das Wunder der Brotvermehrung soll unter dem Aspekt des Teilens ermutigen, selbst das zu teilen, was man zum Leben braucht. Der Gedanke des Teilens ist Kinder meist sehr vertraut (z. B. Heiliger Martin). Hier soll daher versucht werden, ihnen erst den Wert von Brot zu erschließen und dann das Teilen zu üben
Bibelstelle	Matthäus 14,13–21 (Die Speisung der 5000 Menschen)
Material	Hostien, Brot, Zutaten für einfachen Teig (siehe Anhang zu diesem Baustein), weiße Decke, einfache Tücher, eine Kerze, ausreichend Tische und Öfen zum Backen (Tipp: Lehrküche eines Bildungshauses, Öfen gut vorheizen), ausreichend großer Korb, Bibel, Geschichte vom Teilen (siehe Anhang)
Lieder/Musik	Brot, das die Hoffnung nährt (GL 59) Halleluja (H 25) Komm, sagt es allen Leuten (H 64, 2 »Gib dein Brot den Armen ...«) Wenn wir das Leben teilen wie das täglich Brot (H 73, U 47)
Vorbereitung	Stuhlkreis, ein weiterer Raum/eine Küche wird für die Backaktion vorbereitet.

Verlauf

Eröffnung

Die Gruppe sitzt im Kreis. Hostien und ein Stück Brot liegen auf einer weißen Tischdecke in der Mitte, vielleicht mit einer Kerze. Die Zutaten zum Brotbacken stehen ebenfalls dabei, allerdings mit Tüchern verdeckt. In einer offenen Runde wird zusammengetragen, was der Unterschied zwischen beidem ist. Welche Zutaten braucht man, um selbst Brot zu backen? Die genannten werden aufgedeckt und den Kindern gezeigt, sie können sie ggf. anfassen und schmecken. In einem Gebet wird dafür gedankt. Ein Lied vertieft diesen Gedanken (z. B. »Brot, das die Hoffnung nährt« (GL 59) o. Ä.). Vom Teilen sollte dabei noch nicht die Rede sein.

Backaktion

In Gruppen zu 5–10 stellen Kinder und Erwachsene anschließend selbst den Teig und kleine Brote oder Brötchen her. Die Kinder werden ermutigt, besonders sorgfältig zu arbeiten und ihr Brot auch erkennbar zu würzen bzw. zu gestalten (Salz, Mohn, Körner). Die Erwachsenen und Geschwister helfen dabei, machen aber kein eigenes Brot.

Spielphase

Während der Back- und Abkühlzeit, die bei kleinen Broten nicht lange ist, kann ein Spiel (z. B. »Obstsalat« mit Brotsorten; siehe Anhang zu diesem Baustein) oder ein kleines Quiz (z. B. »Welche Gruppe kennt am meisten Brotsorten?«) für Bewegung sorgen. Die Spiele können deutlich machen, dass viele Menschen in Deutschland großen Wert auf gutes Brot legen. Deshalb gibt es auch viele Sorten.

Präsentation

Der Raum wird verdunkelt. Die Kinder helfen dabei, zünden Kerzen an und bereiten einen schön gedeckten Tisch oder eine ansprechend gestaltete Mitte. In einem Korb werden die fertigen Brote der Runde präsentiert und in der Mitte abgelegt. Mit einem einfachen, frohen Lied werden die Werke begrüßt (»Halleluja« aus Taizé). Impulsfrage: ***»Kann jeder erkennen, welches Brot man gemacht hat?«***

Lesung

Matthäus 14,13–21 (Die Speisung der 5000 Menschen)

Katechese

Eine mögliche Deutung des Speisungswunders ist, dass durch das Beispiel Jesu die Leute ermutigt wurden, das zu teilen, was sie mitgebracht hatten.

Mahl halten

Das Brot wird gesegnet oder nach alter Sitte mit dem Messer ein Kreuz darüber gezeichnet. Ausdrücklich werden die Kinder nun gebeten, ihr Brot mit anderen aus der Runde zu teilen. Ein wenig Butter und etwas zu trinken verfeinert sicherlich das Mahl.

Geschichte

Danach wird die Geschichte der »Pitschugin-Brücke« erzählt (siehe Anhang zu diesem Baustein).
In dieser Geschichte wird deutlich, dass die Tat eines Einzelnen (und sei es ein kleiner, unbedeutender Schüler), der nicht nur an sich selbst, sondern auch an die anderen denkt,

ausreicht, um eine Situation zu verändern (mein Stückchen Brot teilen, eine Brücke für alle bauen ...).
Einer kurzen Deutung des Erlebten folgt wieder ein Lied, in dem nun ausdrücklich auch vom Teilen die Reden ist. Ein Dank für das eigene Brot und eine Bitte für die Menschen, die Brot und anderes zum Leben dringend brauchen kann frei formuliert werden.

Abschluss

Ein Segensgebet, bei dem sich alle die Hände reichen, schließt die Feier ab.

Anhang zu Baustein 21

Rezept: Brot oder Brötchen aus Weizenmehl

500 g Mehl
1 Päckchen Trockenhefe
1 Tl. Salz
¼ l lauwarmes Wasser
Mehl zum Auskneten
Wasser zum Bepinseln

Zum Verzieren oder zum Einarbeiten eignen sich:
Mohn, Sesam, Sonnenblumenkerne, Rosinen, Hirse, Leinsamen, Haferflocken, wer mag, auch Kümmel

Das Mehl, die Hefe und das Salz in eine Schüssel geben und gut vermischen. Das Wasser auf einmal hinzufügen und alles mit den Knethaken zu einem Teig verarbeiten. Auf einer bemehlten Arbeitsfläche den Teig mindestens 10 Minuten mit der Hand kräftig durchkneten. Um sich die Arbeit zu erleichtern, kann man gut mit einer Küchenmaschine arbeiten. Den Teig mit einem Tuch zudecken und an einem warmen Ort 50 bis 60 Minuten gehen lassen, bis sich die Teigmenge sichtbar vergrößert hat.

Wenn dem Brot oder den Brötchen noch weitere Zutaten zugegeben werden sollen, so werden diese jetzt eingearbeitet. Sollen aus dem Teig Brötchen werden, diese in die entsprechende Form bringen. Soll ein Brot gebacken werden, den Teig zu einem Laib formen, entweder in einer gefetteten Kastenform oder auf dem Blech nochmals 30 Min. gehen lassen, bis sich auch hier die Teigmenge sichtbar vergrößert hat.

Den Backofen auf 200 Grad vorheizen. Die Oberseite des Brotes/der Brötchen mit Wasser bepinseln und nach Wunsch mit einer scharfen Klinge einritzen. Wenn möglich eine Schale mit kochendem Wasser auf den Boden des Ofens stellen und das Brot auf der untersten Schiene 30 bis 40 Minuten backen. Die Brötchen benötigen nach 10 Minuten Backzeit bei 200 Grad nur noch eine Temperatur von 175 Grad und weitere 10 bis 15 Minuten.

Aus den angegebenen Zutaten (ohne Körner) kann man auch Fladenbrote backen. Dazu wird der Teig, nachdem er das erste Mal gegangen ist, in zwei oder vier gleiche Teile geteilt und 1 cm dick flachgedrückt, auf das Backblech gelegt und mit Mehl bestreut, mit einer Gabel einige Male eingestochen und dann mit einem Tuch abgedeckt. So noch mal 40 Minuten gehen lassen. Den Ofen auf 250 Grad vorheizen und die Fladen auf mittlerer Schiene 15 bis 20 Minuten backen.

Rezept von Katharina Parlaska, Mühlheim 2002

Spiele – »Obstsalat«

Es wird ein Stuhlkreis gebildet, in dem ein Stuhl weniger vorhanden ist, als es Teilnehmer gibt. Alle suchen sich

einen Platz, ein Freiwilliger bleibt stehen. Anschließend muss jeder Teilnehmer eine Obstsorte für sich aussuchen (hier alternativ: Brotsorte, Gebäck).
Der Teilnehmer ohne Platz ruft nun zwei Obstsorten. Die aufgerufenen Personen müssen den Platz tauschen, während der Rufer versucht, einen der Stühle zu ergattern. Wenn das Wort »Obstsalat« gerufen wird, müssen alle die Plätze tauschen (alternativ vielleicht: Brotkorb).

Variante: Der Person in der Mitte werden die Augen verbunden. Sie nennt zwei Obstsorten. Diese beiden müssen nun die Plätze tauschen, ohne abgeschlagen zu werden. Hierzu müssen die anderen Mitspieler ruhig sein.

Die Pitschugin-Brücke

Auf dem Schulweg sprachen die Kinder über Heldentaten. »Ein Kind aus dem Feuer retten, das wäre etwas!«, sagte ein Junge. »Oder mit einem riesigen Hecht kämpfen und ihn fangen!«, sagte ein anderer. »Davon würden alle reden.« »Noch besser: zum Mars fliegen!«, meinte ein dritter. »Dann würde man in der ganzen Welt berühmt sein.« Semja Pitschugin ließ die anderen reden und behielt seine Gedanken für sich. Er war von Haus aus schweigsam und drängte sich nie vor.
Aber auch er ging wie die anderen Kinder auf dem kürzesten Weg zur Schule. Dieser Weg führte über die Mystrjanka, einen Bach, den man nur mit Anlauf überspringen konnte. Immer wieder kam es vor, dass einer dabei ins Wasser fiel. Ein Junge hatte sich gar einen Bänderriss zugezogen und war ins Krankenhaus gekommen. Und im Dezember waren zwei Mädchen über den zugefrorenen Bach gegangen und im Eis eingebrochen. Die Eltern hatten sich mächtig aufgeregt und ihren Kindern den kurzen Schulweg verboten.
Dem kleinen Pitschugin ließ diese Sache keine Ruhe.

Schließlich legte er sich einen Plan zurecht. Sein Vater hatte ein gutes, scharfes Beil. Damit ging Pitschugin an den Bach, ohne dass es jemandem auffiel. Er fällte einige Weiden, die am Ufer standen, hieb die Äste ab und legte die Stämme über den Bach. Damit sie zusammenhielten, nagelte er kurze Brettchen darauf. Und weil man auf dem Steg leicht ausgleiten konnte, besonders, wenn Schnee lag, zimmerte Semja auch noch ein kleines Geländer.
Eine fabelhafte kleine Brücke führte über den Bach, und nun konnten nicht nur die Kinder, sondern auch die großen Leute im Dorf den kurzen Weg benutzen. Alle gingen über die Pitschugin-Brücke. So wurde sie von jedermann genannt.
Als die Stämme morsch zu werden begannen und das Hinübergehen gefährlich wurde, baute die Gemeinde eine neue Brücke aus starken Bohlen. Der frühere Name aber blieb. Und als im Zuge einer neuen Straße eine Betonbrücke mit eisernem Geländer an die Stelle kam, änderte sich alles – bis auf den Namen. Solche aufwendigen Brücken bekommen gewöhnlich Namen, die nach etwas klingen, Namen von berühmten Leuten. Aber diese Brücke war eben die Pitschugin-Brücke, ein für allemal. Und alle finden das richtig, weil der kleine Pitschugin es war, der damit angefangen hatte.

B22 Wenn die Korken knallen

Themen	Hochzeit zu Kana, Silberhochzeit, Jesus Christus, Abraham und Sara, Eheleute
Symbol/Zeichenhandlung	Trinken, Ringe
Zielgruppe	Jubelpaar mit kirchlich gebundenen und nicht gebundenen Familienangehörigen
Zeitpunkt	Vor- oder Nachmittag
Dauer	1 Stunde
Inhaltliches Ziel	Feier der Silberhochzeit im Familienkreis mit Erneuerung des Eheversprechens. Das Paar und die Familienangehörigen sollen Gott als den erfahren, der ihnen in ihrer Lebenssituation zugewandt ist. Im Bild des Sektes soll deutlich werden, dass im Leben durchaus etwas bleibt, auch wenn der »prickelnde Anfang« sich längst verflogen hat
Bibelstelle	Genesis 18,1–12.17–18 (Gott zu Gast bei Abraham und Sara) oder Johannes 2,1–11 (Die Hochzeit zu Kana) oder Kolosser 3,13–17 (Vom Umgang miteinander)
Material	Flasche Sekt/Champagner, Sektgläser, Stifte, Papier in Blütenform, Benediktionale (↗G)
Lieder/Musik	Großer Gott, wir loben dich (GL 257) Lobet den Herren (GL 258) Nun danket alle Gott (GL 266) Singet, danket unserm Gott (GL 277) Halleluja (H 25)
Vorbereitung	Sekt und Gläser werden in der Kirche bereitgestellt.

Verlauf

Eröffnung

Im Rahmen einer Eucharistiefeier (↗G) wird zu Beginn auf die Flasche mit den Gläsern hingewiesen, die dekorativ, aber nicht an einem gedeckten Tisch, vor dem Altar aufgestellt sind. Die Flasche ist bereits geöffnet und steht für den Beginn der Ehe vor 25 Jahren. Jemand von den älteren Gottesdienstbesuchern wird gebeten zu erzählen, was das für ein Tag war damals (Wetter, Kirche, nette Begebenheit).

Predigt

Zur Predigt wird die Flasche wieder in den Hintergrund gestellt. Inhaltliche Impulse: Gefülltes Glas: Der Sekt wird schal, wenn er zu lange offen steht. Für viele ist es in der Ehe auch so. Kohlensäure/guter Wein: Das Wichtige am Sekt ist aber eigentlich nicht die Kohlensäure, die irgendwann entweicht, sondern, dass er aus einem guten Wein gemacht ist. Das macht ihn zu etwas Besonderem. Für die Ehe ist auch der gemeinsame Grund bedeutsam, auch wenn eventuell vom prickelnden Anfang nur noch wenig zu spüren ist. Anders als der Sekt bleibt dann die Ehe immer noch genießbar und etwas Besonderes.

Segen

Der Segen zur Erneuerung des Ehebundes schließt sich wie gewohnt an.

Wünsche

Auf in Blütenform geschnittenen Blättern wird die Familie eingeladen, einen Wunsch an das Jubelpaar für die nächsten Jahre aufzuschreiben und zum Altar zu bringen. Einige Wünsche können vielleicht vorgelesen und so zur Fürbitte werden.

Abschluss

Am Ende kann man dem Jubelpaar eine (verschlossene) Flasche Sekt schenken oder am Kirchenportal aus der geöffneten Flasche ausschenken.

B23 Durchbruch zum Leben

Themen	Jesus Christus, Lazarus, Abschied, Dunkelheit, Eucharistie (↗G), Licht, Heilige Messe, Ohnmacht, Sterben, Tod
Symbol/Zeichenhandlung	Augenbinde, Brot, Kerze, Wein
Zielgruppe	Jugendliche
Zeitpunkt	Nacht (Liturgische Nacht)
Dauer	1,5 Stunden
Inhaltliches Ziel	Die Jugendlichen sollen Dunkelheit und Ohnmacht ganzheitlich erfahren und den Wert der Hoffnung im Symbol des Lichtes neu entdecken
Bibelstelle	Johannes 11,17–44 (Erweckung des Lazarus)
Material	Dunkler Raum, Augenbinden, Kerzen, Feuerzeug, alles für die Eucharistiefeier
Lieder/Musik	In der Mitte der Nacht (SdH 266, U 31) Ach wie flüchtig, ach wie nichtig (GL 657) Wir sind nur Gast auf Erden (GL 656) Hoffen, wider alle Hoffnung (U 44) Wer leben will wie Gott auf dieser Erde (GL 183)
Vorbereitung	Stuhlkreis im Gruppenraum; hier auch alles für die Eucharistiefeier bereitstellen; ein zweiter Raum wird absolut verdunkelt; Kerzen und Streichhölzer liegen in einer unzugänglichen Ecke, vielleicht auf der Fensterbank, ein Leiter wartet in dieser Ecke.

Verlauf

Einstieg

Die Teilnehmer finden sich im Kreis ein und werden auf eine existentielle Erfahrung vorbereitet und gebeten, die »Regeln« dieses Experimentes einzuhalten. Falls am Schluss die Eucharistiefeier vorgesehen ist, folgen hier auch die Elemente des Wortgottesdienstes der Heiligen Messe bis nach dem Tagesgebet.

Aktion

Alle Teilnehmer werden mit verbundenen Augen in einen absolut dunklen Raum geführt. Eine Zeitlang (5–10 Minuten) gehen die Teilnehmer in der Dunkelheit umher, bis sie einen Platz gefunden haben, an dem sie sich hinsetzen. Ein Leiter entzündet nun im dunklen Raum eine Kerze und geht von Teilnehmer zu Teilnehmer. Erst wenn die Kerze vor dessen Gesicht zu spüren ist, darf derjenige Teilnehmer die Augenbinde abnehmen. Ein zweiter Leiter stellt vor diesen Teilnehmer eine andere Kerze und entzündet sie. Wenn alle Teilnehmer ihre Kerze erhalten haben, stehen sie auf und kommen mit ihrer Kerze in die Mitte des Raumes.

Austausch

Kurze Gesprächsrunde über die Erfahrung der Dunkelheit (Dunkelheit als Metapher für schwierige Phasen im Leben) und das Öffnen der Augen (»Mir geht ein Licht auf…«) – Lösungswege aus der Dunkelheit.

Lesung

Johannes 11,17–44

Vertiefung

Wieder im Gruppenraum folgt ein kurzes Bibelgespräch im Stuhlkreis. Impulsfragen: ***»Wie passt eure Erfahrung zu dem, was wir über Lazarus gehört haben? Was ist bei Lazarus ganz anders?«***

Eucharistiefeier

Die Feier der Eucharistie kann sich anschließen.

B24 Alles Vergängliche wird neu

Themen	Jesus Christus, Jona, Dunkelheit, Tod, Unterwegs
Symbol/Zeichenhandlung	Augenbinde, Bild, Erde, Friedhof, Grab, Samenkörner
Zielgruppe	Kinder
Zeitpunkt	Trauermonat November
Dauer	2–3 Stunden
Inhaltliches Ziel	Die Kinder sollen sich mit der Vergänglichkeit allen Lebens (pflanzlich, tierisch, menschlich) auseinandersetzen und eine erste Ahnung erhalten, dass über den Tod hinaus eine Hoffnung auf »erfülltes« Leben besteht
Bibelstelle	Johannes 12,24 (Weizenkorn); Matthäus 12,40 (Jona im Bauch des Fisches); Jona 2,1–11 (Das Gebet des Jona)
Material	Dunkler Raum, Augenbinden, Traueranzeigen oder Bilder von Grabsteinen und Gräbern, vertrocknete Blumen, Blumenerde, Samenkörner, Ton- oder Plastiktöpfchen mit Blumenerde
Lieder/Musik	Das Weizenkorn muss sterben (GL 260) In der Mitte der Nacht (SdH 266, U 31)
Vorbereitung	Raum wird freigeräumt; in der Austauschrunde wir ein Stuhlkreis gestellt und die Mitte gestaltet.

Verlauf

Einstieg

Die Kinder beginnen mit einem Experiment im dunklen Raum mit verbundenen Augen. Sie spüren der Dunkelheit und der Ohnmacht, die damit oft verbunden ist, nach. Einer führt den anderen (»Blinden-Führung«). Nach einiger Zeit wechseln die Rollen.

Austausch

In der Runde beschreiben die Teilnehmer ihre Gefühle, die sie beim Erspüren von Dunkelheit hatten. Anhand von Impulsbildern (Motiv: Grabsteine, Gräber) oder Traueranzeigen wird eine Verbindung zum Begriff »Dunkelheit« gesucht: Die ewige Dunkelheit, »für immer dunkel« soll als Erfahrung bei den Kindern assoziiert werden. Sie können von Todesfällen erzählen (Tiere, Menschen).

Aktion

Gemeinsamer Besuch von Gräbern auf dem Friedhof, wobei die Symbole und Zeichen entdeckt und gemeinsam entschlüsselt werden.

Schreibwerkstatt

Es besteht die Möglichkeit, dass die Kinder ihre Gedanken zum Tod oder einen Brief an einen Verstorbenen, an ein Haustier oder an Gott in Worte fassen. Die Briefe können vorgelesen werden, bleiben aber unkommentiert stehen.

Abschluss, Variante 1

Textbezug: Johannes 2,24 (Weizenkorn)
Rückkehr zum Raum: Gespräch über das, was passiert,

wenn man tot ist: Zerfall des Körpers, Staub/Erde. Vertrocknete Blumen werden zerbröselt und machen deutlich, wie dieser Vorgang aussieht. Samen werden neu ausgesät als Zeichen der Hoffnung. Die Keimlinge werden in kleinen Töpfen den Einzelnen nach Hause mitgegeben.

Abschluss, Variante 2

Textbezug: Jona 2,1–11 (Das Gebet des Jona)
Lesen des Jona-Textes (gesamte Geschichte wird als bekannt vorausgesetzt). Ausarbeitung von Tod und Auferstehung bei Jona: Wo/wie »stirbt« Jona? Auf welche Weise kommt er neu zum Leben? Was ist damit gemeint?

Glauben leben

B25 Let's fetz!

Themen	Freizeit, Paulus, Sport, unterwegs
Symbol/Zeichenhandlung	Laufen, Leib und Seele, Interview
Zielgruppe	Kirchliche und nicht kirchlich gebundene Kinder- und Jugendgruppen im Pfarrverbund oder Dekanat
Zeitpunkt	Für diesen »kurzweiligen« Gottesdienst ist der richtige Zeitpunkt wichtig. Vor einem Wettbewerb hat niemand Ruhe und Lust, sich mit etwas anderem als dem Sport zu beschäftigen. Nachher ist oft keine Zeit mehr, da einige schon nach Hause wollen. Gut ist es, einen Zeitpunkt ***nach*** dem Wettkampf, aber ***vor*** der Siegerehrung zu wählen. So bleibt etwas Zeit für das Team, die Siegerehrung vorzubereiten, und alle Sportler bleiben noch da
Dauer	15–20 Minuten
Inhaltliches Ziel	Sport und Glaube werden oft als Konkurrenten erfahren, zumal beide den Sonntag als ihren Tag beanspruchen. Hier soll erfahrbar werden, dass beides für das Leben wichtig ist, denn es geht im weitesten Sinne darum, in Bewegung zu bleiben
Bibelstelle	1 Korinther 9,24–27 (Läufer und Siegespreis), vgl. 1 Timotheus 2,5 (Gebet für alle Menschen); Jesaja 40,31 (Preis der Erhabenheit Gottes); Hebräer 12,1 (Weitere Zeugen des Glaubens)
Material	Videobeamer, Video mit Interview, Text mit Gespräch der Jogger (siehe Anhang zu diesem Baustein), rasante Musik für das Gespräch der Jogger, Textständer, Gebet für Sportler
Lieder/Musik	Empfehlung: In diesem gottesdienstlichen Rahmen eher kein Lied singen

Vorbereitung	Ein(e) Platz/Halle wird mit einer entsprechenden Projektionstechnik und ggf. mit der Möglichkeit der Video-Vorführung ausgestattet.

Verlauf

Nach dem letzten Turnier treffen sich alle Teilnehmer an einem zentralen Platz (Vorschlag: Ort der Siegerehrung).

Kurzes Anspiel

Zwei Jogger treten auf, laufen auf der Stelle und unterhalten sich darüber, warum sie laufen (am besten mit einer rasanten Musik im Hintergrund). Einer für sich (Ruhm, Ehre, Gesundheit, Ehrgeiz) der andere, um bei/für Gott zu siegen. Am Ende gibt es einen dicken Streit (siehe Titel) zwischen den beiden über die Frage: Wofür lohnt es sich überhaupt, sich anzustrengen im Leben? Sie bleibt offen.

Deutung

Bewegung ist gut für Körper, Geist und Seele; Stillstand ist Rückschritt. Aber ein Ziel vor Augen zu haben ist notwendig, auch wenn man es nicht immer erreichen kann.

Alternativ: Interview

Falls umsetzbar, kann hier ein Interview mit einem (allgemein oder vor Ort) bekannten Sportler folgen, dem Sport und der Glaube wichtig sind. Hier kann auch ein vorher aufgenommenes Interview eingespielt werden, dass nicht zu lang sein darf. Thema: Wie hat der Sportler z. B. seinen Sonntag mit Gottesdienst und Wettkampf früher geregelt, wie macht er es heute?

Lesung

1 Korinther 9,24–27 (Läufer und Siegespreis)

Abschluss

Es folgt ein Gebet »für alle Sportler und Fairness im Leben« und der Segen.

Anhang zu Baustein 25

Gespräch Jogger (ggf. in Mundart)

A: Na Kalle, wie geht's?
B: (kurze Pause, A schaut B an) Es läuft.
A: Was macht Monika?
B: Die müsste dahinten sein. Schätze mal, das Mädel packt das doch nicht mit dem Marathon. Hab ich mir gleich gedacht.
A: (Pause) Was soll's. Solange sie Spaß am Laufen hat.
B: Wie, was soll das denn heißen? Wenn sie nicht antreten will, braucht sie auch nicht zu trainieren.
A (schaut amüsiert zu B rüber) Sind natürlich nicht alle so ehrgeizig wie du.
B: (bestimmt) Da hast du Recht!
(nach einer Weile)
Sag mal, sollte das was bedeuten?
A: Nee, quatsch. Ich mein ja nur, man muss ja nicht immer volle Pulle und es kann ja auch mehr geben, als für sich da so ein Rennen zu gewinnen.
B: (bleibt stehen) Was is los? Hat dich irgendwas gebissen? Du willst mir doch nicht weißmachen, du rennst hier an der Bahn entlang nur zum Spaß und aus guter Laune.
(läuft wieder los)
A: (hinterher) Lass gut sein. Ich mein ja nur.

B: Was meinst du nur?

A: Wenn man nur für sich und seinen Erfolg rennt, dann ist das vielleicht was wenig; wo es doch noch so viel anderes auf der Welt gibt.

B: (bleibt wieder stehen) Also gut, sag mir, was du mir mitteilen willst und dann ist gut. Du hast ja eine Meise.

A: (heftig) Du mit deiner egoistischen Rennerei nur für deinen Ruhm, bei dem du keinen links und rechts mehr kennst. Selbst die Moni ist auf einmal nicht mehr so wichtig. Das kann doch nicht gesund sein.

B: (höhnisch) Ach nee, und du läufst beim Marathon mit für den Papst und den Weltfrieden.

A: So ähnlich.

B: Das ich nicht lache.

A: Wenn ich gewinne, geht die Siegprämie an die Caritas.

B: Na, du edler Held. Dann geb' ich dir mal meine Kontonummer und du überweist mir das Geld – falls du noch einen 2. Platz bekommst. Ich siege dann schon mal für mich. (läuft weg).

B26 »Betet füreinander, damit ihr geheilt werdet.« (Jakobus 5,16)

Themen	Jesus Christus, Petrus, Schwiegermutter des Petrus, Krankheit
Symbol/Zeichenhandlung	Salben, Krücke, Gehhilfe, Öl
Zielgruppe	Kranke, ältere Menschen und deren Angehörige
Zeitpunkt	Nachmittag/früher Abend
Dauer	1 Stunde
Inhaltliches Ziel	Krankheiten, physische und psychische Verletzungen können als Aufgaben und Chancen für das Leben entdeckt werden. Gott befreit nicht immer von der Krankheit, aber die Auseinandersetzung mit der Krankheit kann befreiend wirken. Gott handelt dabei oft wie eine »Krücke«: Er stützt, gibt mehr Sicherheit und bessere Möglichkeiten, mit und in der Krankheit zu leben. Das Gebet füreinander ist zudem bereits im Vollzug Stütze für den Augenblick und auch für später
Bibelstelle	Jakobus 5,13–16 (Die Salbung von Kranken) oder Jesaja 53,4 (Getragene Krankheiten) oder Markus 1,29–31 (Die Heilung der Schwiegermutter des Petrus)
Material	Krankenöl, Gehhilfe, ggf. alles für eine Heilige Messe, Liederbücher
Lieder/Musik	Lobe den Herrn (GL 258,2 »... der dir Gesundheit verliehen«) Komm herab, o Heilger Geist (GL 244,7) Danket dem Herrn (GL 281,11) Christus Sieger (GL 564,3)
Vorbereitung	In einer Kirche/Kapelle wird gut sichtbar eine Gehhilfe (»Krücke«) vor den Ambo/das Lesepult gestellt. Öl für die Krankensalbung und Watte werden im Altarraum bereitgestellt. Der Raum sollte festlich und eher »klassisch« geschmückt werden, d.h. Kerzen auf den Altar, Blumen. Für einen barrierefreien Zugang und auch genügend

Platz (z. B. für Rollstühle) sollte gesorgt werden. Die Krankensalbung kann in einer Heiligen Messe gefeiert werden oder auch als spezieller Krankensalbungsgottesdienst. In beiden Fällen steht ein Priester der Feier vor, da die Spendung der Krankensalbung zu dessen ureigenen Diensten gehört.

Verlauf

Begrüßung

Nach der liturgischen Eröffnung weist der Priester auf die Gehhilfe hin. Impuls: ***»Die Krücke ist für manche ein Zeichen der Schwäche. Einige möchten sie daher schnell wieder loswerden. Viele aber merken, dass sie ihnen hilft.«***

Kyrie-Gebet

Jesus wird angerufen als derjenige, der sich kranken Menschen zugewandt hat, der viele stützte und heilte und der auch heute unter uns wirkt.

Lesung

Jakobus 5,13–16 (Die Salbung von Kranken) oder Alternativauswahl

Predigt

Das Symbol der Gehhilfe wird vertieft und gedeutet als Mittel der Stütze. Es ist ein Zeichen für vieles, was einem in Krankheit Halt geben kann: Ärzte, Pflegepersonal, Familienangehörige, Medikamente, geregelter Tagesrythmus, Übungen, Bewegung etc. Unsichtbarer Halt soll auch das Gebet sein. Kranke und Gesunde beten füreinander, tragen sich im Gebet, bringen gemeinsam ihr Leben und ihre Anliegen vor Gott. Ohne zynisch sein zu müssen, könnte das langsame Gehen mit einer »Krücke« auch darauf hinweisen, dass Langsamkeit nicht nur in Krankheit guttut und sich aufdrängt, sondern auch in Gesundheit der gehetzten Welt Wohltat sein kann (»Entschleunigung«). Eventuell abschließend erklären, warum bei der Gabenbereitung die Gehhilfe auf den Altar gelegt wird (siehe unten).

Krankensalbung

Es folgt die Krankensalbung entsprechend der liturgischen Vorgaben.

Eucharistiefeier (ggf.)

Bei der Bereitung des Altares wird die Krücke nach Möglichkeit mit dorthin gelegt. Brot und Wein sind die Gaben der Gemeinde, die gewandelt werden sollen. Die Krücke steht für das erkrankte Leben, das Gott annimmt, wandelt und versöhnt zurückschenkt.

Abschluss

Es wird eingeladen, beim Nachtgebet für einen bestimmten Menschen aus dem Kreis der Teilnehmer (oder nochmals für alle) zu beten.

B27 Wie schön, dass du geboren bist!

Themen	Jesus Christus, Krankheit, Licht
Symbol/Zeichenhandlung	Segnen, Blumen, Kerze, Musik
Zielgruppe	Kranke Kinder und deren Familien
Zeitpunkt	Nachmittag
Dauer	Ca. 1,5 Stunden
Inhaltliches Ziel	In der Bibelstelle können die Jünger einen kranken Jungen (wohl Epilepsie) nicht heilen. Jesus heilt den Jungen mit dem Hinweis auf die Notwendigkeit des Gebetes. Einerseits soll deutlich werden, dass man, wie die Jünger, manchmal einfach hilflos gegenüber Krankheiten sein kann. Man darf sich aber Hilfe (Jesus) holen. Zwischen dieser Verzweiflung und Hoffnung bewegen wir uns heute auch. Der Glaube will dabei helfen, die Krankheit zu bewältigen. Wie das letztlich aussieht, liegt nicht immer in unserer Hand und auch nicht in der Hand der Ärzte. Aber, Hoffnung lohnt sich. Dieser Gottesdienst gelingt am besten in enger Zusammenarbeit mit den Verantwortlichen einer Kinderkrankenstation, den zuständigen Krankenhausseelsorgern, den Ärzten, Pflegern und Angehörigen
Bibelstelle	Markus 9,14–29 (Die Heilung eines Jungen)
Material	Papier, Buntstifte, Teelichter, eine große Kerze, Schale mit Sand (für die Kerzen), Feuerzeug, bunte Blumen, Liedheft
Lieder/Musik	Wie schön, dass du geboren bist (Lied von Rolf Zuckowski) Er hält die ganze Welt in seiner Hand (H III 34) Laudato Si (H 92, U 68) Danke für diesen guten Morgen (H 6)
Vorbereitung	Am besten wird ein Stuhlkreis vorbereitet, sodass sich alle sehen können. Unter Umständen muss man eine zweite Reihe machen. Die Schale kommt in die Mitte. Die große Kerze wird angezündet und in die Schale gestellt. Das weitere Material wird

rundherum verteilt. Bunte Blumen können helfen, eine frohe Atmosphäre zu schaffen.

Verlauf

Beginn

Alle singen gemeinsam das Lied: »Wie schön, das du geboren bist« (von Rolf Zuckowski)

Malaktion

Der Geburtstag ist für Kinder einer der wichtigsten Tage im Jahr. Die Kinder und auch die Angehörigen werden gebeten, in Farben und Formen das zu malen, was sie sich für ihren nächsten Geburtstag wünschen. Dabei können sie sich gegenseitig helfen. Auch der Gottesdienstleiter macht mit. Die Bilder werden in die Mitte gelegt, sodass man sie gut sehen kann. Nach einem einfachen Lied sollen erst mal die kranken Kinder erzählen, was sie in den verschiedenen Bildern erkennen und was sie interessiert. Danach können auch die Angehörigen erzählen. Es wird deutlich werden, dass neben ganz handfesten Wünschen auch ideelle Wünsche maßgeblich sind: Gesundheit, Zusammensein, keine Schmerzen, Frieden.

Lesung

Markus 9,14–29 (Die Heilung eines Jungen)
Die vielen verschiedenen Wünsche werden auch in der Bibelstelle deutlich, die nun vorgelesen wird.

Gespräch

Die Kinder und Angehörigen werden gebeten, sich in die einzelnen Personen hineinzuversetzen: Den Jungen, den

Vater, die Jünger, Jesus: ***»Könnt ihr euch vorstellen, wie die sich damals gefühlt haben?«*** Es folgt ein Gespräch über die Empfindungen. Der Gottesdienstleiter hilft dabei und lenkt den Blick auf den Gedanken, dass Hilflosigkeit, Hoffnung, Rettung und Verzweiflung oft zusammengehören. Jesus will heilen und helfen, sein Leben zu tragen (s. o.). Jeder Einzelne ist dabei wichtig, ob krank oder gesund. Es ist eben gut, dass man geboren ist (s. Titel). Für jede der beteiligten Personen(-gruppen) wird eine Kerze angezündet, wenn man über sie spricht. Die Kerze wird dann in die Schale gestellt. Dann folgt das Lied: »Er hält die ganze Welt in seiner Hand (H III 34)«.

Aktion

»Hoffnungszeichen« gibt es auch bei schweren Krankheiten. Sie sind wie kleine Geburtstage. Die Teilnehmer können bestimmt einige solcher »Hoffnungszeichen« erwähnen (z. B. ein Buch, eine Karte, eine Blume, ein Stofftier o. Ä., ein bestimmter Mensch). Auch dazu werden Kerzen angezündet.

Abschluss

Die Teilnehmer beten gemeinsam das Vaterunser. In das anschließende Schlussgebet kann der Gottesdienstleiter vielleicht den einen oder anderen Aspekt des Gesagten miteinschließen. Ein Lied und der Segen schließen sich an.

B28 Im Spiegel Gottes mein Selbst entdecken

Themen	Jesus Christus, Johannes der Täufer, Identität, Selbstfindung
Symbol/Zeichenhandlung	Spiegel
Zielgruppe	Ältere Jugendliche, Studierende, Erwachsene (max. 20–30 Personen)
Zeitpunkt	Im Laufe des Jahres
Dauer	2–3 Stunden
Inhaltliches Ziel	Auseinandersetzung mit den Verletzungen und Kränkungen der Vergangenheit. Heilung der psychischen Wunden ist durch die Zusage möglich: »Du bist gewollt, du bist geliebt, du wirst gebraucht« (Papst Benedikt XVI.). Jeder Mensch ist Gottes Ebenbild und Gottes geliebtes Geschöpf
Bibelstelle	1 Korinther 13,9–12 (Die höheren Gnadengaben – das Hohelied der Liebe) und Markus 1,9–11 (Die Taufe Jesu)
Material	Ein Spiegel (DIN A4-Größe), evtl. weitere Spiegel, Sperrholzbrett, Kleber, Hammer, Decke, Papier, Kugelschreiber, CD mit ruhiger Musik und CD-Player, Text von Dietrich Bonhoeffer »Wer bin ich?« (siehe Anhang zu diesem Baustein), Gotteslob
Lieder/Musik	Ich steh vor dir mit leeren Händen, Herr (GL 621)
Vorbereitung	Die Teilnehmer sitzen nach Möglichkeit im Kreis. In der Mitte liegt der Spiegel (oder mehrere). Im Raum bzw. im Haus/in der Kirche sollten genügend Gelegenheiten hergerichtet werden, damit sich alle eine ruhige Ecke suchen können.

Verlauf

Begrüßung und Einleitung

Impulsfrage: ***»Wer bist du? Woher kommst du? Was suchst du? Wir fragen uns oft, wer wir sind.«*** Der Leiter des Gottesdienstes geht mit einem Spiegel umher und hält ihn den Teilnehmern hin. Er lässt ihnen Zeit, sich darin zu betrachten. Von der CD spielt dazu Musik im Hintergrund. Alternativ können mehrere Spiegel verwendet werden, die jeweils eigenständig weitergereicht werden.

Aktion und Besinnung

Impuls: ***»Nicht auf alle Fragen erhalten wir Antworten. Vieles bleibt unklar und unscharf. Manche Ideen unseres Lebens zerbrechen.«*** Der Spiegel wird mit dem Hammer auf einer Decke aufliegend zertrümmert. Jeder Teilnehmer ist eingeladen, sich ein Spiegelteil zu nehmen, sich mit einem Blatt Papier und einem Kugelschreiber für 10 Minuten zurückzuziehen und sich über die Fragen: ***»Wer bin ich? Wo bin ich verletzt? Wo bin ich gekränkt? Wo ist etwas in meinem Leben zerbrochen?«*** (Musik im Hintergrund) auseinanderzusetzen. Eventuell kann auch das Angebot gemacht werden, dass die Teilnehmer über ihre Spiegelteile mit einem Seelsorger ins Gespräch kommen. Der Gottesdienstverlauf müsste dann zeitlich um etwa 30–60 Minuten verlängert werden. Die Spiegelteile werden anschließend nach vorn gebracht.

Lesung

1 Korinther 13,9–12 (Die höheren Gnadengaben – das Hohelied der Liebe)

Aktion

Der Gottesdienstleiter bittet daraufhin die Teilnehmer, gemeinsam die Spiegelteile auf dem Holzbrett zu dem ursprünglichen Spiegel zusammenzukleben. Impuls: ***»Eben haben wir rätselhafte Umrisse erkannt. Wir haben die Verletzungen unseres Lebens, unsere Fragen im Blick gehabt. Doch wir sind mehr als nur die Schnittstellen, unser Leben sind nicht einfach nur das Puzzle von Scherben, sondern sind vor Gott ein Ganzes. Wir sind das Ebenbild Gottes, so sagt es das erste Buch der Bibel, das Buch Genesis.«***

Text

Der Text von Dietrich Bonhoeffer »Wer bin ich?« wird vorgelesen. Mit diesem Text werden die Teilnehmer gebeten, noch einmal in die Stille zu gehen und sich der Frage zu stellen: Wer bin ICH wirklich? (aus der Perspektive Gottes!) – Gedanken dazu können in einem Text verfasst werden. Je nach Gruppe können die Teilnehmer in kleinen Gruppen (3–5 Personen) oder mit einem gewählten Partner ihre Texte besprechen. Ein Lied schließt sich an.

Lesung

Markus 1,9–11 (Die Taufe Jesu)

Katechese

Eine kleine Ansprache zur Gotteskindschaft kann sich anschließen. Impuls: ***»Trotz Brüchen hat Gott auch an uns und unserem Leben gefallen. Wir können einander helfen, diese Brüche zu erkennen, sie Gott hinzuhalten und uns selbst und die anderen ebenfalls anzunehmen.«***

Psalm

Der Psalm 139 (GL 755) wird gebetet, ggf. gemeinsam oder wechselnd in der Gruppe.

Abschluss

Den Abschluss bildet das gemeinsam gebetete Vaterunser und der Segen.

Anhang zu Baustein 28

Wer bin ich?
(Dietrich Bonhoeffer)

Wer bin ich? Sie sagen mir oft,
ich träte aus meiner Zelle
gelassen und heiter und fest
wie ein Gutsherr aus seinem Schloss.

Wer bin ich? Sie sagen mir oft,
ich spräche mit meinen Bewachern
frei und freundlich und klar,
als hätte ich zu gebieten.

Wer bin ich? Sie sagen mir auch,
ich trüge die Tage des Unglücks
gleichmütig, lächelnd und stolz,
wie einer, der Siegen gewohnt ist. Bin ich das wirklich, was andere von mir sagen?
Oder bin ich nur das, was ich selbst von mir weiß?
Unruhig, sehnsüchtig, krank, wie ein Vogel im Käfig,
ringend nach Lebensatem, als würgte mir einer die Kehle,
hungernd nach Farben, nach Blumen, nach Vogelstimmen,
dürstend nach guten Worten, nach menschlicher Nähe,
zitternd vor Zorn über Willkür und kleinlichste Kränkung,

umgetrieben vom Warten auf große Dinge,
ohnmächtig bangend um Freunde in endloser Ferne,
müde und zu leer zum Beten, zum Denken, zum Schaffen,
matt und bereit, von allem Abschied zu nehmen?

Wer bin ich? Der oder jener?
Bin ich denn heute dieser und morgen ein andrer?
Bin ich beides zugleich? Vor Menschen ein Heuchler und
vor mir selbst ein verächtlich wehleidiger Schwächling?
Oder gleicht, was in mir noch ist, dem geschlagenen Heer,
das in Unordnung weicht vor schon gewonnenem Sieg?

Wer bin ich? Einsames Fragen treibt mit mir Spott.
Wer ich auch bin, Du kennst mich, Dein bin ich, o Gott!

Aus: Dietrich Bonhoeffer, Widerstand und Ergebung

B29 Er geht den Weg, den alle gehen …

Themen	Jesus Christus, Fastenzeit, Gründonnerstag, Karwoche (↗G), Palmsonntag, Dunkelheit, Unterwegs
Symbol/Zeichenhandlung	Heilen
Zielgruppe	Jugendliche und junge Erwachsene (Firmbewerber)
Zeitpunkt	Zu jeder Zeit im Kirchenjahr, gut geeignet in der Fastenzeit bzw. zur Gestaltung der Kar- und Ostertage
Dauer	Mehrere Stunden am Vor- und Nachmittag
Inhaltliches Ziel	Die Jugendlichen/jungen Erwachsenen sollen den Lebenslauf Jesu in Etappen mit Legematerial und Interaktionsimpulsen kennenlernen und sich kritisch mit der Bedeutung für ihr eigenes Leben auseinandersetzen. Dazu verbringen die Teilnehmer einen ganzen Tag miteinander und erleben einen »Stationenweg« im Leben Jesu: beginnend bei der Geburt Jesu über die Darstellung im Tempel bis hin zur Kreuzigung, dem Tod am Kreuz und der Auferstehung
Bibelstelle	Lukas 2,1–20 (Die Geburt), Lukas 2,41–52 (Der zwölfjährige Jesus), Matthäus 4,1–11 (Die Versuchung Jesu), Markus 1,16–20 (Die ersten Jünger), Markus 6,6–13.30.31 (Die Aussendung der Jünger), Matthäus 12,1–8 (Das Abreißen von Ähren), Lukas 7,36–50 (Jesus und die Sünderin), Matthäus 14,22–33 (Jesus auf dem Wasser), Markus 9,2–10 (Die Verklärung Jesu), Markus 10,46–52 (Die Heilung eines Blinden), Markus 11,7–11 (Einzug nach Jerusalem), Markus 14,17–25 (Das Abendmahl), Johannes 13,27–30 (Judas beim Mahl), Markus 14,26–31.32–42.43–52 (Im Garten Getsemani), Markus 14,66–72 (Die Verleugnung), Markus 15,1–15.16–20 (Die Verhandlung), Markus 15,20–37 (Der Tod Jesu), Markus 15,42–47 (Das Begräbnis), Markus 16,1–8 (Die Botschaft der Engel)

Material	Siehe genaue Beschreibung der Stationen
Lieder/Musik	In deiner Todesstunde (siehe Anhang zu diesem Baustein) Kennst du das alte Lied (H 75, U 89) Mir nach, spricht Christus, unser Held (GL 616) Jesus Christus ist der Herr (GL 174) Das Weizenkorn muss sterben (GL 620) Wenn wir das Leben teilen (H 63, U 47) Jesus Christ, you are my life (WJT 2005) Wer nach Betlehem fliegen will ... (KJG3 23) Gottes Wort ist wie Licht in der Nacht (H 80, U 41)
Vorbereitung	Stuhlkreis, alle weitere Vorbereitungen siehe Beschreibung der Stationen im Anhang.

Verlauf

Einstieg

Nach einer formlosen, kurzen Begrüßung folgt eine Erklärung, was am Tag gemacht wird. Daraufhin spricht man ein kurzes Morgengebet.

Stationen

Das Stationenlernen in 17 Stationen wird immer wieder mit spielerischen Impulsen und Liedimpulsen verbunden.

Abschluss

Mit einer abendlichen Vesper (oder Eucharistiefeier, ↗G) endet der Tag. Schwerpunkt dieser Gebetszeit sollte Jesus Christus als Sohn Gottes sein.

Anhang zu Baustein 29

Erste Station (Geburt im Stall: Lukas 2,1–20)

Material	Ein schwarzes Tuch, ein rundes gelbes Tuch, Müllreste, Steine, 1 Kerze
Lied	Wer nach Betlehem fliegen will ...

Zunächst wird das schwarze Tuch auf den Boden gelegt. Die Geschichte von Josef und Maria auf Herbergssuche, die Absage an den Wirtshäusern, das Auffinden eines Stalles wird erzählt. Impuls: ***»Jesus ist ein ›heruntergekommener‹ Gott, der Mensch geworden ist, im Elend, im Stall. So wird er auch heute noch geboren, in den Slums und Vororten der Großstädte. Arm und neben den Mülltonnen.*** (Nun wird Müll hinzugeschüttet.) ***Doch mitten hinein in diese Welt kommt Gott.«*** Das gelbe Tuch wird ausgebreitet und eine Kerze entzündet. Das Lied wird gesungen.

Zweite Station (Jesus im Tempel: Lukas 2,41–52)

Material	Ein grünes längliches Tuch als Wegetuch, ein gelb-beiges quadratisches Tuch (als Tempel), Bibel (alternativ: eine selbst gebastelte Schriftrolle)
Lied	Gottes Wort ist wie Licht in der Nacht (H 80, U 41)

Von der ersten Station wird das grüne Wegetuch weitergelegt (dies gilt für alle Stationen!). Impuls: ***»Dieser Jesus wächst wie jedes normale Kind auf. Er arbeitet zu Hause mit, hilft seinem Vater in der Schreinerei – insgesamt wissen wir aber wenig von seiner Kindheit – (über seine Beschneidung acht Tage nach der Geburt hinaus). Aber ein Ereignis sticht heraus: Er darf beim jährlichen Opferfest, dem Pesachfest, mit seinen Eltern nach Jerusalem. Er ist noch ein Kind, 12 Jahre alt. Bei der Wallfahrt entfernt er sich unerlaubt von der Familie. Seine Eltern machen sich Sorgen.«***
Der biblische Text wird gelesen. Impuls: ***»Hier, im Tempel,***

und zu Hause hört Jesus das Wort Gottes. Es pflanzt sich tief in seinem Herzen ein.« Die Bibel (Schriftrolle) wird aufgeschlagen auf das Tuch gelegt. Das Lied wird gesungen.

Dritte Station (Taufe und Versuchung in der Wüste: Matthäus 1,4–11 und 4,1–11)

Material	Ein grünes längliches Tuch als Wegetuch, drei blaue Tücher (für See/Fluss), ein Teelicht, ein gelbe-beiges Tuch (Wüste), ein Stück Brot, drei Papierschilder »Hunger«, »Macht« »Ruhm«, Geld (Münzen), Collage von Stars aus Zeitungen und Überschriften

Blaue Tücher werden ausgelegt. Impuls: ***»Das erste wichtige Ereignis des erwachsenen Mannes Jesus von Nazareth war seine Taufe im Jordan durch Johannes den Täufer.«*** Die Geschichte wird gelesen. Impuls: ***»Hier findet eine Gotteserfahrung im Leben Jesu statt. Er fühlt sich von seinem Vater im Himmel angenommen. Hier zeigt sich die liebende Zusage Gottes an uns Menschen!«*** Das Teelicht wird entzündet und auf das Wasser gestellt. Impuls: ***»Doch dann wird Jesus in die Wüste getrieben.«*** Das Grüne Wegetuch bildet die Verbindung zu den gelben Tüchern, die ausgelegt werden. Die biblische Geschichte wird erzählt. Impuls: ***»Jesus hat Hunger. Eine menschliche Grunderfahrung. Nach was hungern wir?«*** Das Brot und das Schild »Hunger« werden ausgelegt. Impuls: ***»Ihm könnte alle Macht gegeben werden. Wissen ist Macht. Namen haben Macht. Positionen haben Macht. Wer Geld hat, hat Macht. Geld regiert die Welt.«*** Das Schild »Macht« und die Münzen werden ausgelegt. Impuls: ***»Er könnte etwas Besonderes sein. Ein Star könnte er sein. Grandios könnte er sein … – mit der Gefahr, größenwahnsinnig zu werden!«*** Die Collage mit den Stars und das Schild »Ruhm« werden ausgelegt. Impuls: ***»Doch Jesus lehnt ab. Und wir? Ist das nicht die permanente Versuchung auch an unser Leben?«***

Vierte Station (Berufungen Markus 6,16–20)

Material	Ein grünes längliches Tuch als Wegetuch, drei blaue Tücher (für den See), ein Fischernetz
Lied	Du hast uns, Herr, gerufen (GL 505)

Die biblische Geschichte wird kurz erzählt. Die blauen Tücher werden ausgelegt. Einer der Leiter spielt einen Fischer und beginnt rückwirkend zu erzählen. Der Fischer nimmt das Netz und erzählt aus seiner Sicht die Begegnung mit Jesus, von seinen Gefühlen und Gedanken. Stichworte können sein: mein Beruf, meine Familie, die Faszination »Jesus«, Nachfolge nur probeweise, Ärger mit den Arbeitern und der Familie, Unterhalt, Zukunft, »Menschenfischer« – was ist das? Dann wird das Lied gesungen.

Fünfte Station (Aussendung der ersten Jünger: Markus 6,6–13/30.31)

Material	Zwei grüne längliche Tücher als Wegetücher, bunte Streifen, zwei goldene Kugeln und Ringe (für Jesus), zwei runde, kleine weiße Tücher (werden unter die Ringe mit den Kugeln gelegt = Brennpunkte einer Elipse)
Lied	Die Sache Jesu braucht Begeisterte (T 366)

Die Teilnehmer werden zu einem Experiment eingeladen und in zwei Gruppen aufgeteilt. Die einen sind »Jünger«, die anderen Menschen, die bekehrt werden sollen. Jede Gruppe erhält eine Anweisung. Die Jünger gehen zu zweit in die Welt und erzählen von Jesus und sollen die anderen von ihm überzeugen. Die Menschen, die bekehrt werden sollen, sind zum Teil Kranke, Arme, Außenseiter, Verbrecher etc. Manche wollen sich nicht begeistern lassen und lehnen ab, andere zeigen Interesse. Die Gesprächserfahrungen sind entscheidend bei diesem Experiment.
Nach der Rückkehr werden die länglichen grünen Tücher

als Weg gelegt. Ein erster »Jesus-Punkt« als Start wird gelegt (Aussendung), davon ausgehend die Streifen, welche dann zu einem zweiten »Jesus-Punkt« zusammenlaufen (Rückkehr).

Sechste Station (Streit mit den Pharisäern um den Sabbat: Matthäus 12,1–8)

Material Ein grünes längliches Tuch als Wegetuch, ein gelbes Tuch für das Weizenfeld, Weizenkörner, den Codex Iuris Canonici (CIC, Kirchenrechtsbuch oder das Bürgerliche Gesetzbuch, BGB)

Die biblische Geschichte wird bis Vers 3 vorgelesen. Das gelbe Tuch wird gelegt und die Körner darauf gestreut. Die Geschichte wird dann bewusst unterbrochen mit der Frage des zweiten Leiters: ***»Sag mal, wäre das, was David in der Stiftshütte mit den Schaubroten machte, sie einfach aß, weil er Hunger hatte, das Gleiche, wie wenn einer einfach zum Tabernakel ginge und die Hostien äße?«*** Antwort: ***»Eigentlich schon. Aber das wäre ein Verstoß gegen das Kirchenrecht!«*** Der CIC wird mitten in das Ährenfeld gelegt. Die biblische Geschichte wird weiter vorgetragen. Es folgt ein Moment der Stille. Impuls: ***»Der Mensch ist nicht für den Sabbat da, sondern der Sabbat für den Menschen!«***

Siebte Station (Begegnung mit der Sünderin: Lukas 7,36–50)

Material Ein grünes längliches Tuch als Wegetuch, zwei violette Tücher, ein »Schalom-Teller« oder ein Teller mit einem anderen Friedenszeichen

Lied »Wie ein Fest nach langer Trauer« (S 48)

Die violetten Tücher werden zu einem Haus gelegt. Die Geschichte wird im Dialog gespielt. Dabei übernimmt ein Leiter die Rolle des Erzählers und Jesu, der andere die Rolle des Pharisäers. Der Pharisäer ergänzt seine Texte durch Emotionen und weitere Gedanken. Am Ende wird das Friedenszeichen (Teller) auf das violette Tuch gelegt. Es soll ein Zeichen der Vergebung sein. Das Lied wird gesungen.

Achte Station
(Jesu Gang auf dem Wasser: Matthäus 14,22–33)

Material	Ein grünes längliches Tuch als Wegetuch, ein blaues Tuch, ein Stück Holz (Treibholz), Bild von Ernst Alt (Sturm auf dem See, Petrus steigt aus dem Boot), Meditationstext

Das blaue Tuch wird gelegt. Dabei wird die Geschichte vom Sturm auf dem See nacherzählt oder vorgelesen. Das Bild wird dazu gelegt. Impuls danach: ***»Würde ich rausgehen, wenn ich gerufen wäre? Weiß ich überhaupt, wohin ich gehen soll, wenn ich nichts sehe? Wie ist das mit meinem Mut ... wenn er mich verlässt? Nehme ich die Hand Jesu? Wo bleibt mein Glaube in den Krisen meines Lebens?«***
Das Stück Holz wird auf das Tuch gelegt. Impuls: ***»Jesus – das Kreuz – ist das Treibholz, an dem wir uns festhalten können. Unser Glaube baut auf diesen Stamm des Holzes, der zum Baum des Lebens wurde!«***

Neunte Station
(Verklärung Jesu auf Tabor: Markus 9,2–10)

Material	Ein grünes längliches Tuch als Wegetuch, drei braune Tücher (sie sollen als Berge aufgerichtet werden und müssen mit Stärkemittel gut gesteift sein), ein Teelicht

Drei Berge werden aufgestellt und die biblische Geschichte wird erzählt. Impuls: ***»Was meint Verklärung? ... und sein Antlitz leuchtete? – Wenn ein Kind geboren wird, dann leuchten die Augen und das ganze Gesicht der Eltern hellt sich auf! Die Freude über das***

Kind zeigt sich im Gesicht derer, die das Kind sehen oder in den Armen halten! Jesus wird zum zweiten Mal als »geliebter Sohn« bezeichnet. Die Taufe im Jordan und die Verklärung auf Tabor sind Orte der Gotteserfahrung. Aber Jesus will nichts festhalten – fast wie ein Fotograf, der immer alles bildlich festhalten muss, bittet Petrus darum, drei Hütten zu bauen. Jesus indes blickt von Tabor schon auf Golgotha, einen anderen Berg. Wenn wir mit ihm hinüberschauen, was empfinden wir dann? Wie würde es uns gehen, wenn die Botschaft des Todes unser Leben erfasst?«

Einladung zum Gespräch in Zweiergruppen – Austausch über die Frage: *»Von jetzt auf gleich ändert sich alles. Himmelhochjauchzend und zu Tode betrübt … – wie geht es uns damit? Kennen wir das?«*

Zehnte Station
(Heilung des blinden Bartimäus: Markus 10,46–52)

Material	Ein grünes längliches Tuch als Wegetuch, ein schwarzes Tuch, ein Teelicht, ein gelbes Tuch, Bild von Ernst Alt mit der Heilung des blinden Bartimäus, Tücher zum Verbinden der Augen
Lied	In der Mitte der Nacht (SdH 266, U 31)

Impuls: ***»Unser Leben ist auch von dunklen Momenten geprägt. Es gibt Situationen, in denen wir blind sind, uns verlassen und verloren fühlen. Einsamkeit macht sich breit, ja, manchmal kommen wir uns wie Ausgestoßene vor.«*** Das schwarze Tuch wird gelegt. Die Teilnehmer werden eingeladen, dem Text körperlich Gestalt zu geben. Jeder Teilnehmer kauert sich irgendwo im Raum in die Ecke und schließt die Augen (oder lässt sie sich verbinden). Während der Erzählung der Geschichte sollen sie laut rufen: ***»Herr, hilf mir!«*** oder ***»Herr, hier bin ich!«*** Daraufhin geht einer der Leiter umher und schubst die Teilnehmer an und sagt dazu: ***»Schweig!«*** oder ***»Sei still!«*** Die Geschichte geht weiter. Die Teilnehmer werden beim Namen gerufen ***(»Steh auf, er ruft dich!«)*** und sollen nun aufste-

hen und langsam nach vorn kommen. Jesus (der zweite Leiter) nimmt jeden Einzelnen am Arm und spricht: ***»Was möchtest du, dass ich dir tun soll?«*** Die Teilnehmer können ihren Wunsch formulieren: ***»Ich möchte Licht sehen!« – »Ich möchte sehen können!« – »Ich möchte Klarheit!«***
Die Augen dürfen geöffnet werden, die Binden werden abgenommen. Impuls: ***»Licht ist in unser Leben gekommen. Bartimäus ist wie du. Du bist ab und an Bartimäus. Er wollte sehen und der Glaube, das Vertrauen, hat ihm geholfen. Manchmal geht es um eine Blindheit des Herzens. Da braucht es Liebe!«*** Das Teelicht wird entzündet. Ein Ort der Gottesbegegnung in der Nacht.

Elfte Station (Einzug in Jerusalem: Markus 11,7–16)

Material	Ein rotes (!) längliches Tuch als Wegetuch, ein rotes Tuch (quadratisch), mehrere Fuchsbaumpalmen, bunte Perlen, ein Holzpalmesel (falls vorhanden) oder ein Foto vom Einzug Jesu in Jerusalem,
Lied	»Singt dem König Freudenpsalmen« (GL 823, Trierer Anhang), evtl. Liedblatt machen

Das rote Wegetuch wird gelegt. Jesu Leidensweg beginnt. Impuls: ***»Jesus zieht auf einem Esel in Jerusalem ein. Nicht mit Panzern, nicht mit Soldaten, nicht auf einem roten Teppich kommt er. Der König Israels zieht auf einem Esel ein, friedfertig, wie es der Prophet Sacharja prophezeit. Das Tier trägt eine königliche Last. Die Menschen jubeln. Ein Freudenfest.«*** Perlen und Palmen werden zum kleinen Esel oder dem Bild gelegt. Gemeinsames Lied: »Singt dem König Freudenpsalmen« (GL 823, Trierer Anhang). Impuls: ***»Die Menschen, die jetzt noch Hosianna rufen, werden schon in ein paar Tagen ›Kreuzige ihn!‹ rufen. In jedem von uns steckt der eine wie der andere!«***

Zwölfte Station (Pesach-Mahl mit den Jüngern: Markus 14,17–25 und Johannes 13,27–30)

Material	Ein rotes (!) längliches Tuch als Wegetuch, ein weißes rundes Tuch (wie eine Tischdecke), 12 Holzringe und 12 goldene Kugeln, Schüssel, Handtuch und Glaskaraffe gefüllt mit Wasser, Kelch und Hostienschale, ein kleines schwarzes Tuch, ein Sack mit Geld, ein Brot

Die Geschichte vom Pesach-Mahl wird vorgelesen. Das weiße Tuch wird als Tischtuch auf den Boden gelegt. Die Holzringe und Kugeln werden für die 12 Apostel gelegt (Kreisform). Schüssel mit Glaskaraffe (gefüllt mit Wasser) und Handtuch werden an den Rand des Tuches gestellt.
Impuls: ***»Jesu Dienst ist ein Bodendienst. Der Dienst eines Knechtes. Seine Karriere beginnt nach unten.«***
Kelch und Hostienschale werden in die Mitte (in den Kreis) auf das Tuch gestellt. Brot wird schweigend gebrochen und allen Teilnehmern gereicht.
Impuls: ***»Judas geht. Es war Nacht. Er wird ihn verraten. Vielleicht, weil er ihn nur provozieren wollte. Vielleicht, weil es ihn als Werkzeug braucht.«*** Das Geldsäckchen wird an den Rand des Tuches auf ein kleines schwarzes Tuch gelegt.

Dreizehnte Station (Gang zum Ölberg/Gefangennahme: Markus 14,26–72)

Material	Ein rotes (!) längliches Tuch als Wegetuch, ein grünes Tuch für Garten Getsemane (Ölberg), Steine, ein kleines blaues Tuch (für die Tränen des Petrus), Holzring und schwarze Kugel
Lied	Bleibet hier und wachet mit mir! (Taizé)

Das rote Tuch wird als Weg gelegt, dann das grüne Tuch als Garten. Die Steine kommen dazu. Die Geschichte wird vorgelesen. Nach dem Gebet Jesu wird leise die Melodie

von »Bleibet hier ...« gesummt (oder permanent im Hintergrund).
Bei der Verleugnung des Petrus wird unterbrochen. Die Leiter gehen zu den einzelnen Teilnehmern und sprechen sie an: ***»Du gehörst doch auch zu ihm!« – »Dich hab ich doch auch bei ihm gesehen!« – »Du bist doch auch einer von seinen Jüngern!«.***
Ein kleines blaues Tuch mit dem Holzring und einer schwarzen Kugel wird gelegt. Impuls: ***»Petrus weint. Er hat geleugnet, Jesus zu kennen. Seinen Freund hat er verleugnet.«***

Vierzehnte Station (Verhandlung – Verurteilung – Verspottung: Markus 15,1–20)

Material	Ein rotes (!) längliches Tuch als Wegetuch, Holzstab zum Brechen (Verurteilung), Schale mit Wasser (Aufschrift auf der Schale: »Unschuld«), Dornenkrone
Lied	»In deiner Todesstunde« (siehe unten)

Die biblische Geschichte der Verhandlung wird vorgelesen. Wasser wird in der Schale jedem Teilnehmer gereicht. Jeder kann sich die Hände in Unschuld waschen. Danach wird die Schale abgestellt und das Urteil gesprochen. Impuls: ***»Jesus von Nazareth, du bist schuldig. Schuldig dafür, dass du das Volk aufgewiegelt hast. Schuldig, weil du dich als Sohn Gottes ausgibst! Schuldig, weil du gegen das Sabbatgebot verstoßen hast! Du wirst zum Tod am Kreuz verurteilt!«*** Der Holzstab wird gebrochen, die Dornenkrone wird abgelegt. Impuls: ***»Jesus wird verspottet, verhöhnt.«*** Das Lied »In deiner Todesstunde« (GL, Anhang) wird gemeinsam gesungen.

Fünfzehnte Station (Kreuzigung: Markus 15,20–32)

Material	Ein rotes (!) längliches Tuch als Wegetuch, zwei braune Tücher (für Golgotha), zwei Holzbalken, Hammer und Nägel, fünf bunte Deckchen für einzelne Personen, weitere Deckchen für die

Teilnehmer (Hinweis: Es können auch Steine sein!)

Das rote Tuch wird ausgelegt, die Szenerie von Golgotha wird beschrieben. Die braunen Tücher werden zum Berg Golgotha geformt. Die zwei Holzbalken werden zusammengenagelt und aufgestellt. Die fünf kleinen Deckchen (oder Steine) werden um das Kreuz gelegt. Sie symbolisieren die Soldaten, die Pharisäer, die Räuber, den Hauptmann, eine Sünderin. Die Leiter legen für sich jeweils auch ein Deckchen (Steine) dazu, die Teilnehmer werden gebeten, ebenfalls schweigend ihr Deckchen/ihren Stein abzulegen. Impuls: ***»Wo aber sind die Jünger? Jesus stirbt. Wir stehen am Kreuz. Schweigend. Keiner hat es verhindern können.«***

Sechszehnte Station (Grabesruhe: Markus 15,42–47)

Material	Ein schwarzes (!) längliches Tuch als Wegetuch, ein schwarzes Tuch (als Grab), weiße Leintücher, dicker Stein

Impuls: ***»Jesus ist tot. Er wird von Josef von Arimatäa herabgenommen vom Kreuz und in ein Leintuch gelegt. Man bringt ihn zu einem Felsengrab. Nacht bricht über die Jünger herein. Alles ist aus. Scheinbar aus.«*** Das schwarze Tuch wird hingelegt. Darauf die weißen Leintücher als Streifen, darüber der Stein als Grabstein. Alle verharren in Stille.

Siebzehnte Station (Auferstehung: Markus 16,1–8)

Material	Ein weißes (!) Wegetuch, ein großes gelbes Tuch (Seidentuch zum Ausbreiten), Osterkerze, einige Teelichter, Blumen
Lied	Surrexit dominus vere! (Taizé)

Impuls: ***»Doch es bleibt nicht bei der Nacht. Das unerwartete geschieht …«*** – Der Bibeltext wird gelesen. Die Osterkerze wird in die Kirche getragen. »Lumen gentium«, wird gerufen (wie in der Osternacht). Das gelbe Tuch wird ausgebreitet. Die Kerze wird aufgestellt. Die Teelichter werden ausgebreitet. Ein Lichtermeer. Das Lied wird gesungen: »Surrexit dominus vere! (Taizé)«

© P. Jeremias Müller und Karsten Kreutzer (1992)

Lied: In deiner Todesstunde

nach der Melodie von »O Haupt voll Blut und Wunden (GL 179)«

1. In deiner Todesstunde,
gehst du in tiefste Nacht.
Du kämpfst nicht wie ein Krieger,
auch wenn man dich verlacht.
Du betest, Herr, in Stille,
zu Gott, dem Vater dein.
Es ist Sein letzter Wille,
wirst leiden Schmach und Pein.

2. Die Jünger sollen beten,
und wachen neben dir.
Doch sie sind voller Kummer,
erschöpft sind sie wie wir.
Uns fehlen nun die Worte,
um dich zu trösten, Herr,
schon nahet die Kohorte,
du setzt dich nicht zur Wehr.

3. In dieser Urteilsstunde
steht niemand mehr zu dir.
Der Schmerz aus deiner Wunde
ruft Gott – Er ist nicht hier!
Warum bist du verlassen,
von Gott nun ganz getrennt?
Die Welt scheint dich zu hassen,
kein Mensch dich mehr erkennt!

4. Man hat dich ausgeliefert,
verraten und verkauft,
so musste es geschehen,
so ist der Welten Lauf.
Sie schreien laut und brüllen,
ans Kreuz mit ihm, sofort!
Du hörst nur noch von Ferne
Die Schmach und auch den Spott.

5. Du müsstest schreiend klagen,
du konntest nicht mehr flieh'n!
Weshalb wirst du geschlagen,
bespuckt und angeschrie'n?
Doch du willst konsequent sein,
nimmst alles nun auf dich.
Du kämpfst für deine Sache,
trägst auch das Kreuz für mich.

6. Du bist für uns gestorben,
nahmst Schmerz und Tod in Kauf,
hast leidvoll nun vollendet,
des Lebens heiligen Lauf.
Steigst nun hinab in Tiefen,
der Väter Ewigkeit.
Weil sie dich zu sich riefen,
verklärt ist alles Leid.

7. Wir trauern, Herr, voll Ohnmacht,
wo ist des Tod's Gewinn?
Warum ist das geschehen?
Wo liegt der tiefe Sinn?
Was bleibt uns jetzt zu hoffen,
ist tot für immer tot?
Ist alles Ende offen?

Text: P. Jeremias Müller © 2007

B30 Für wen haltet ihr mich?

Themen	Jesus Christus
Symbol/Zeichenhandlung	Film, schreiben
Zielgruppe	Jugendliche/Erwachsene
Zeitpunkt	Jederzeit im Jahr
Dauer	2–3 Stunden
Inhaltliches Ziel	Unterschiedliche Jesusdarstellungen kennenlernen und vergleichen; das eigene Jesusbild entwickeln und beschreiben – Austausch mit anderen
Bibelstelle	Markus 8,27–30 (Für wen halten die Leute mich?)
Material	Variante 1: Unterschiedliche Jesusdarstellungen (Ikonen, Bilder/Kreuze, die in der eigenen Kirche zu finden sind, Diasammlungen etc.) Variante 2: Filme in Ausschnitten (vorher aussuchen): »Das Gewand«, USA 1953 von Henry Koster, »Die größte Geschichte aller Zeiten«, USA 1963 von George Stevens, »Das Erste Evangelium – Matthäus«, Italien 1964 von Paolo Pasolini, »Jesus Christ Superstar«, USA 1973 von Norman Jewison (Musicalfilm), »Jesus von Nazareth«, Italien/Großbritannien 1977 von Franco Zeffirelli, »Die Bibel – Jesus«, 1999 von Roger Young, »Die letzte Versuchung Christi«, USA 1988 von Martin Scorsese, »Jesus von Montréal«, Kanada 1989 von Denys Arcand, »Die Bibel – Jesus«, 1999 von Roger Young und »Die Passion Christi«, 2004 von Mel Gibson
Lieder/Musik	Kennst du das alte Lied? (H 84, U 89) Mir nach, spricht Christus, unser Held (GL 616) Jesus Christus ist der Herr (GL 174)
Vorbereitung	Für Film- bzw. Diavorführung: Raum verdunkeln, Stuhlkreis, verschiedene andere Jesusbilder verdeckt in der Mitte auf einem Tuch, die Bibel dabei, eventuell weitere Räume für Einzelarbeit herrichten.

Verlauf

Einstieg

Eine ungewohnte Kreuzesdarstellung wird gezeigt. Impulsfrage: ***»Was seht ihr? Was findet ihr ungewöhnlich?«***

Vergleich

Die Teilnehmer betrachten diverse andere Jesusdarstellungen bzw. schauen die Ausschnitte aus den Filmen an. Ein Gespräch über die Unterschiede schließt sich an.

Übertrag

Von den vielen Bildern soll es zu den persönlichen Jesusbildern der Teilnehmer gehen. Impulsfrage: ***»Welches ist mein eigenes Jesusbild?«*** – Die Teilnehmer sollen drei Stichwörter finden, mit denen sie »ihren« Jesus beschreiben würden.

Lesung

Markus 8,27–30 (Für wen halten die Leute mich?)

Aktion

Die Teilnehmer werden eingeladen, einen »Zeitungsartikel« zu schreiben, der Jesus Christus als »die« Persönlichkeit der Weltgeschichte (Mann der Jahrtausende) präsentiert. Die Artikel werden vorgelesen. Impulsfrage: ***»Hat sich was in eurem Jesusbild verändert? Was ist heute noch offengeblieben?«***

Abschluss

Ein Segensgebet schließt den Gottesdienst ab.

B31 Mit Psalmen beten

Themen	Bitte, Dank, Klage, Lob, Magnificat (↗G), Psalmen
Symbol/Zeichenhandlung	Beten, schreiben, Musik, Weihrauch
Zielgruppe	Junge Erwachsene
Zeitpunkt	Jederzeit
Dauer	Ca. 2 Stunden
Inhaltliches Ziel	Verschiedene Psalmenarten kennenlernen und selbst neue Psalmentexte verfassen
Bibelstelle	Psalmen
Material	Bibel, Papier und Stifte, CD-Player, Psalmenvertonungen (z. B. Mendelssohn, Wie der Hirsch schreit, ...), neue Übersetzung der Psalmen, Weihrauch, Schale mit Kohle
Lieder/Musik	Gott gab uns Atem, damit wir leben (H 91, U 49) Gott, dir ist nichts verborgen (GL 292)
Vorbereitung	Raum für Abendlob, Weihrauch und Weihrauchkohle mit entsprechender Schale, ggf. weitere Räume für Austauschrunden, Tische oder Schreibunterlagen, Ablaufplan für das Abendlob (eventuell für alle Teilnehmer kopiert, aber ohne Psalmen)

Verlauf

Einstieg

Musikalischer Einstieg, dann kurze Einführung zur Entstehungsgeschichte und zur heutigen Praxis des Psalmgebetes. Aspekte: Gebetbuch des Volkes Israel, z. B. David als Autor, Sitz im Leben, verschiedene Gattungen (Lob, Dank, Bitte, Klage, Fluch, Wallfahrtslieder).

Einzelarbeit

Jeder sucht sich einen Psalm aus (auf Papier kopiert, zum Beispiel je Gattung ein Beispiel zur Auswahl). Die Teilnehmer lesen leise für sich mehrmals ihren Psalm und horchen in sich hinein (Was gefällt? Was stört? Was wirft Fragen auf?) und machen sich ggf. dazu auf der Kopie Notizen.

Austausch

Gespräch in Kleingruppe oder im Partnergespräch zu den Eindrücken und Fragen

Vertiefung

Die Teilnehmer versuchen, ihren Psalm neu zu schreiben. Dabei sollen sie versuchen, die Gedanken und Anliegen des Psalms, die ihnen wichtig geworden sind, in ihrer heutigen Sprache auszudrücken.

Gebet

Das Abendlob (Vesper) wird mit biblischen und eigenen Psalmen zum Abschluss gefeiert (bei vielen Teilnehmern kleinere Abschnitte aus den neuen Psalmen vortragen lassen). Zum Magnificat (↗G) und/oder zu den Fürbitten können Weihrauchkörner auf Kohle gelegt werden (vgl. Psalm 141,2: »Wie Weihrauch steige mein Gebet vor dir auf…«). Eventuell könnte bei Beginn ein Ablaufplan für das Abendlob ausgeteilt werden.

B32 Wenn ihr betet ...

Themen	Jesus Christus, Zöllner, Ruhe, Stille
Symbol/Zeichenhandlung	Beten, Gebetshaltungen, knien, liegen, Orantehaltung (↗G), segnen, sitzen, stehen, still sein
Zielgruppe	Exerzitiengruppe, Gebetskreis
Zeitpunkt	Jederzeit
Dauer	1 Stunde
Inhaltliches Ziel	Gebets- und Kontemplationshaltungen in der eigenen christlichen Tradition und anderen Religionen sollen kennengelernt und mit dem eigenen Körper erfahren werden
Bibelstelle	Matthäus 6,5–8 (Gebet der Heuchler) und/oder Lukas 18,9–14 (Zöllner und Pharisäer in der Synagoge) und/oder Markus 14,32–42 (Das Gebet Jesu am Ölberg)
Material	Literatur zur Vorbereitung: R. Guardini, Von heiligen Zeichen, München 2004 (ein Klassiker auf dem Gebiet, aber immer noch lesenswert); Gebetshocker, Wolldecken
Lieder/Musik	Ich steh vor dir mit leeren Händen, Herr (GL 621) Jubilate deo (Taizé) Bleibet hier und wachet mit mir (Taizé)
Vorbereitung	Genügend Platz für Gebetshaltungen, evtl. Decken für das liegende Gebet, Zugang zur Kapelle/Kirche ermöglichen.

Verlauf

Eröffnung

Das Kreuzzeichen zu Beginn wird als das kürzeste Gebet vorgestellt. Anschließend werden die Teilnehmer in die verschiedenen Gebetshaltungen eingeführt und üben diese für ein paar Minuten: sitzen, liegen, stehen, Orantehaltung (↑G), Hände zur Schale formen, knien (auf Kirchenbank oder Gebetshocker), Augen schließen, Hände vors Gesicht, Verneigung, liturgischer Tanz (mit entsprechender Musik).

Austausch

Gespräch über Gefühle und Eindrücke bei den verschiedenen Haltungen (eventuell Partnergespräch).

Lesung

Matthäus 6,5–8 (Gebet der Heuchler) und/oder Lukas 18,9–14 (Zöllner und Pharisäer in der Synagoge) und/ oder Markus 14,32–42 (Das Gebet Jesu am Ölberg)

Vertiefung

Gespräch im Plenum, Impulsfrage: ***»Welche neuen Aspekte sind durch die Verse aus der Bibel angesprochen worden?«***

Gebet

Zwei Gebetsformen schließen sich an: in einer kontemplativen Phase das stille Gebet vor dem Allerheiligsten (sitzend oder kniend) und anschließend das Vaterunser in Orantehaltung (stehend).

Abschluss

Ein Segensgebet und ein Lied schließen den Gottesdienst ab.

B33 Singen ist doppeltes Gebet

Themen	Jesus Christus, Anbetung, Allerheiligstes, Eucharistie (↗G)
Symbol/Zeichenhandlung	Singen, Musik
Zielgruppe	Jugendliche/junge Erwachsene
Zeitpunkt	Jederzeit/Fest des Ewigen Gebetes (Großes Gebet)/Liturgische Nacht
Dauer	3–4 Stunden
Inhaltliches Ziel	Gebete in der Musik bzw. in Gesängen sollen kennengelernt werden und zu einer Auseinandersetzung über verschiedene (musikalische) Formen von Gebeten führen
Bibelstelle	Römer 8,26 f. (Rechte Weise des Betens), Lukas 11,1–4 (Einleitung zum Vaterunser)
Material	Gebetselemente in Gesängen/Arien von Musicals oder Opern (z. B. Les Misérables, Tanz der Vampire, Glöckner von Notre Dame, Starlight Express, Xavier Naidoo), Bücher über gläubige Popstars und Gruppen, Jugendgebetbücher (z. B. KJG-Bundesleitung [Hg.], Beten durch die Schallmauer, Neuss ^{10}1997; M. C. Leitschuh u. a. [Hg.], pray, Kevelaer 2004), eine große runde Leinendecke (Durchmesser: 1,5 m), Farben, Pinsel, Folie zum Abdecken, Papier, Stifte
Lieder/Musik	Gesänge aus Taizé Herr, unser Herr, wie bist du zugegen (GL 298) Gottheit tief verborgen (GL 546)
Vorbereitung	Stuhlkreis, Technik zum Abspielen der Musik, eventuell weitere Räume für Einzel- und Partnerarbeit, Unterlagen für die Mal-Aktion, Waschbecken für die Reinigung der Pinsel zugänglich machen, alles für einen kleinen Imbiss in der Pause, eventuell Zugang zur Kapelle/Kirche für das abschließende Gebet.

Verlauf

Einstieg

Das Kreuzzeichen und ein inhaltlicher Impuls erläutern den Titel des Bausteines (Zitat des Hl. Augustinus: »Wer singt, betet doppelt«). Anschließend werden verschiedene Gebetslieder und Lieder übers Beten eingespielt (mit kurzer Pause dazwischen). Die Teilnehmer können sich Notizen machen. Impuls: ***»Um was für eine Art von Gebet handelt es sich dabei? Wie passen Musik und Text zusammen? Welche Fragen stellen sich euch?«***

Austausch

Es erfolgt ein Gespräch über erste Eindrücke im Plenum. Man einigt sich auf ein Lied, das genauer betrachtet werden soll. Dieses Lied wird nochmals angehört (dazu den Text zum Mitlesen austeilen). Die angesprochenen Themen, Gefühle, Fragen werden erarbeitet: Was wird übers Beten gesagt?

Einzelarbeit

Überlegungen zur Frage: ***»Wann bete ich? Worum?«*** Eine Partnerarbeit mit Austausch darüber schließt sich an.

Aktion

Herstellen eines gemeinsamen »Gebetsteppichs«: Im Gespräch wird nach gemeinsamen Motiven, Farben, Symbolen, die zum persönlichen Gebet einladen, gesucht. Anschließend wird an diesem »Teppich« gemalt.

Pause und gemeinsamer Imbiss

Wiedereinstieg

Das zuvor ausgesuchte Lied wird noch mal gespielt. Anschließend versammeln sich die Teilnehmer um den »Gebetsteppich«. Ein Austausch über die Motive des »Teppichs« schließt sich an.

Abschluss

Den Abschuss bildet eine Zeit der Stille und die Möglichkeit zum persönlichen Gebet am Gebetsteppich sowie danach das Vaterunser und der Segen. Erweiterung: Eventuell kann auch das Allerheiligste in die Mitte des Teppichs gelegt/gestellt werden.

B34 Abschied muss nicht weh tun ...

Themen	Apostel, Jesus Christus, Abschied
Symbol/Zeichenhandlung	Handauflegung, Kreuz, Tücher
Zielgruppe	Ausscheidende Personen und deren Gruppe (z. B. alter Pfarrgemeinderat)
Zeitpunkt	Zum Abschied aus einer Gruppe
Dauer	$^3/_4$ – 1 Stunde
Inhaltliches Ziel	Der Abschied Einzelner aus einer Gruppe oder der Gemeinde wird in dieser Feier mit dem Segen für die Zukunft verbunden. Gefühle und Gedanken dürfen benannt werden, ein biblischer Text zum Trost bzw. zur Stärkung soll den Abschied erleichtern
Bibelstelle	Apostelgeschichte 21,5f. (Abschiedsszene) oder alternativ: Apostelgeschichte 20,36–38 (Die Abschiedsrede des Paulus in Milet)
Material	CD, CD-Player, Stifte, weiße Karten, Bild mit einer Kreuzung (Alternativ: zwei lange Stoffstreifen zu einem Kreuz geformt)
Lieder/Musik	Halleluja (oder anderer kurzer Liedruf aus Taizé) Geh unter der Gnade (LL 251) Möge die Straße uns zusammenführen (S 75) Sei behütet auf deinen Wegen Gott in deinen Händen (ÖKT 94) Keinen Tag soll es geben (S 74) Bleib mit deiner Gnade bei uns (Taizé) Bewahre uns Gott (S 62)
Vorbereitung	Stuhlkreis in der Kirche oder einem Gruppenraum, in der Mitte liegt das Bild mit der Kreuzung; Möglichkeit, die Dankes-Karten zu anzubringen/abzulegen; Raum und Speisen/Getränke für den gemütlichen Abschluss.

Verlauf

Eröffnung

Einführende Worte zeigen die Verbindung zwischen Beginn und Ende, Willkommen und Abschied, Dank und Bitte auf.

Aktion

Die Teilnehmer der Gruppe formulieren anschließend auf Karten ihren Dank an Gott; konkret auf ihre Situation hin oder auch allgemein. Nach einem einleitenden Gebet kann jeder seinen Dank laut aussprechen und ggf. an einer Wand oder vor dem Altar ablegen/befestigen. Ein kurzer, froher Liedruf kann zwischendurch gesungen werden.

Lesung

Apostelgeschichte 21,5 f. (Abschiedsszene)

Katechese

In einer kurzen Ansprache kann auf die Notwenigkeit von Abschied und Neubeginn hingewiesen werden. Das Bild mit der Kreuzung kann dabei eine anschauliche Hilfe sein. Die Kürze des Abschiedes macht deutlich, dass er nicht überdramatisiert werden sollte, aber gelten darf. Dass jeder in sein Haus zurückkehrt, zeigt, dass die Bleibenden an ihrer Stelle weitermachen können und wollen. Zum Abschluss der Ansprache können die Ausscheidenden mit Namen genannt werden und ein kleines Geschenk überreicht bekommen. Persönlicher Dank an sie sollte, falls vorgesehen, so ausfallen, dass er nicht unangenehm oder peinlich für die Ausscheidenden oder für die anderen wird. Ein Lied schließt die Worte ab.

Berichte/Zeugnis geben

Je nachdem wie vertraut der Kreis ist, können die Ausscheidenden jetzt erzählen, wie ihre Zukunftspläne aussehen.

Gebet

In den Fürbitten wird für die Zukunft der Ausscheidenden und für andere Anliegen der Gruppe gebetet. Ein gesprochener Segen, mit ausgestreckten oder aufgelegten Händen (z. B. der sogenannte »Aronitische Segen« [↗G] aus Numeri 6,22–27) und ein Segenslied schließen den Gottesdienst ab. Ein schönes Zeichen kann es auch sein, wenn die ganze Gruppe den Scheidenden die Hände auflegt, eventuell verbunden mit einem Segenswort oder einer Bibelstelle (ein solches »Votum« ist in der evangelischen Kirche bei Einführungen von Pfarrern üblich).

Ausklang

Ein anschließendes Treffen in gemütlicher Runde kann die Feier abrunden.

B35 Der Herr segne deinen Weggang!

Themen	Engel, Tobias, Abschied, Ferien, Reise, Urlaub
Symbol/Zeichenhandlung	Handauflegung, segnen, Spielzeug
Zielgruppe	Gemeinde und Gruppen (z. B. Freizeitgruppe)
Zeitpunkt	Vor den Sommerferien
Dauer	½ – ¾ Stunde
Inhaltliches Ziel	Das Unterwegssein ist für Christen schon immer eine Möglichkeit, Gott zu erfahren (Wallfahrten, Pilgerreisen). Auch Urlaubsreisen/Ferienfreizeiten können Zeiten der Gottesbegegnung werden. Das soll in diesem Gottesdienst deutlich werden. Zugleicht ist er Bitte um gute Hin- und Rückreise. Viele kennen Ähnliches als »Reisesegen«
Bibelstelle	Tobit 5,4–14b.17 (Ein Engel als Reisegefährte) oder Genesis 28,20–22 (Gebet des Jakob)
Material	Kleine Modelle von Fortbewegungsmitteln oder Spielzeuge (Auto, Flugzeug, Roller, Kamel …), Weltkarte, bunte Stifte/Farbe, Papier, eventuell Kerze und Tücher, eventuell CD-Spieler und Musik
Lieder/Musik	Über den Wolken (Reinhard Mey) Zeige uns den Weg (H 84) Manchmal feiern wir mitten im Tag (H 138, U 30) Wir haben Gottes Spuren festgestellt (H 74) Keinen Tag soll es geben (S 74) Möge die Straße uns zusammenführen (S 75) Vertraut den neuen Wegen (ÖKT 160)
Vorbereitung	Stuhlkreis, in der Mitte liegen die Modelle/Spielzeuge auf einer Weltkarte, Kerze, Papier und Stifte dabei

Verlauf

Einstieg

Kleine Modelle von Fortbewegungsmitteln oder Spielzeuge (Auto, Flugzeug, Roller, Kamel ...) liegen in der gestalteten Mitte. Erwachsene und Kinder werden gebeten, zu einer erlebten/aufregenden Geschichte eine Szene mit einem Fortbewegungsmittel aufzumalen. Erwachsene können sich auch Stichpunkte machen. Die Blätter werden in die Mitte gelegt und etwas Zeit gelassen, dass sich alle einmal die Bilder anschauen oder die Notizen durchlesen können. Dabei kann etwas Musik gespielt werden.

Austausch

Bestimmt gibt es jemanden, der zu dem Bild eines anderen etwas sagen oder fragen möchte. Nach dieser Runde hat, wenn noch nicht geschehen, jeder die Möglichkeit, etwas zu seinem eigenen Bild/zu seinen eigenen Notizen zu sagen. Es folgt ein Lied (z. B. »Über den Wolken«).

Lesung

Tobit 5,4–14b.17 (Ein Engel als Reisegefährte) oder Genesis 28,20–22 (Gebet des Jakob)

Predigtgespräch

In einem Predigtgespräch kann überlegt werden: ***»Was bedeutet es heute, auf einen guten Reisegefährten oder auf das Fortbewegungsmittel zu achten? Was bedeutet es, dankbar für Reise und Wiederkunft zu sein?«***

Abschluss

Freie Fürbitten, ein Segensgebet und ein oder mehrere Lieder schließen den Gottesdienst ab.

Engel, Heilige ... Vorbilder

B36 Es müssen nicht Männer mit Flügeln sein ...

Themen	Engel, Jesus Christus, Tobias
Symbol/Zeichenhandlung	Bild
Zielgruppe	Kinder
Zeitpunkt	Nachmittags
Dauer	2 Stunden
Inhaltliches Ziel	Die Kinder sollen erfahren, dass andere Menschen für sie und sie für andere Engel sein können
Bibelstelle	Tobit 5–12 (Der Engel Raphael und Tobias), besonders: 5,1–6 und 12,1–20, Matthäus 25,31–46 (Weltgericht)
Material	Engelsskulpturen oder -bilder (mehr als Teilnehmer), Papier, Stifte/Wachsfarben, Malunterlage, Bilder: »Werke der Barmherzigkeit« von Siger Köder (als Postkarte oder Folie)
Lieder/Musik	Gott hat mir längst einen Engel gesandt (ÖKT 93) CD »Mein Engel«, Thomas Gabriel, 2001 Jedes Kind braucht einen Engel (Klaus Hoffmann)
Vorbereitung	An den Wänden des Raumes werden die Engelsdarstellungen verteilt. Ein Stuhlkreis mit einem weißen Tuch in der Mitte wird vorbereitet. Malunterlagen werden bereitgelegt.

Verlauf

Einstieg

Die Kinder suchen sich ein Bild oder eine Skulptur aus, die sie beschreiben möchten und holen sie dazu in die Mitte. Sie sagen der Reihe nach, was sie an der Darstellung schön finden, was sie stört, was sie vermissen. Anschließend legen sie die Darstellung auf das weiße Tuch.

Aktion

Die Kinder malen, wie ihr Engel aussieht.

Strehgreifspiel

Die Kinder beschreiben den Engel, den die anderen gemalt haben, der Reihe nach. Anschließend Impulsfrage: ***»Kennt ihr Geschichten aus der Bibel, wo ein Engel vorkommt?«***. Die Tobit-Geschichte (siehe oben die Ausschnitte der Bibelstellen) wird vorgestellt, vorgelesen und direkt von den Kindern gespielt.

Vertiefung

Anschließend folgt ein Gespräch über den Impuls: ***»Was war das Besondere an diesem Engel Rafael? Was ist bei ihm anders als bei den Engeln, wie sie vorher beschrieben wurden, wie sie gemalt wurden?«*** Die Bilder »Werke der Barmherzigkeit« werden gezeigt. Impuls: ***»Was könnten diese Bilder mit den Engeln zu tun haben?«***

Abschluss

In einem freien Fürbittgebet der Kinder oder des Leiters für Menschen in Not und deren »Engel« und mit einem Segen schließt der Gottesdienst.

B37 Und der Engel sprach …

Themen	Engel, Gabriel, Maria
Symbol/Zeichenhandlung	Bild, Musik
Zielgruppe	Erwachsene
Zeitpunkt	Abend
Dauer	2 Stunden
Inhaltliches Ziel	Engel/Botschafter in meinem Leben erkennen – wohin führt mich mein Engel?
Bibelstelle	Lukas 1,26–38 (Die Verheißung der Geburt)
Material	50 Engel für das Jahr (Anselm Grün), »Ein Münchner im Himmel« (Kurzfilm, DVD), Choralwerk IX: »Unüberwindlich starker Held, Sankt Michael« (CD) aus den deutschen Gesängen von J. Brahms, Postkarte oder Poster von Raffaels Engeln der Dresdner »Sixtinischen Madonna«
Lieder/Musik	Gott, aller Schöpfung heilger Herr (GL 605) Unüberwindlich starker Held (GL 606) Lasst uns den Engel preisen (GL 607) Gott hat mir längst einen Engel gesandt (ÖKT 93) CD »Mein Engel«, Thomas Gabriel, 2001
Vorbereitung	DVD, DVD-Spieler, Bildschirm oder Beamer, CD, CD-Spieler, Bild von Rapfaels Engeln verdeckt bereitlegen.

Verlauf

Einstieg

Kurzfilm »Ein Münchner im Himmel« anschauen.

Gespräch

Impuls: ***»Welche Engel gibt es in dem Stück? Aufgabe(n) der Engel?«***

Kontraste

Brahms-Lied vorspielen, Raffaels vermarktete Engelsdarstellungen zeigen, »Gott, aller Schöpfung heilger Herr (GL 605)« singen und gemeinsames Lesen der Bibelstelle. Impulsfragen: ***»Was spricht mich davon an, was gefällt mir nicht? Kann ich mich noch an Vorstellungen erinnern, als ich klein war? Wie haben sich die gewandelt?«***

Einzelarbeit

Impulsfragen: ***»Haben Engel auch was mit meinem Leben zu tun? Welche Personen sind mir wichtig geworden im Lauf der Zeit? Welche Botschaften haben sie für mich? Habe ich in meinem Leben schon mal sagen können: ›Dich hat mir der Herrgott geschickt?‹ oder hat jemand zu mir Ähnliches gesagt? Habe ich schon mal gedacht, ›da hattest du jetzt aber einen guten Schutzengel?‹«***

Austausch

In Kleingruppen oder im Plenum wird sich über das Erarbeitete ausgetauscht. Dann singen alle das Lied »Gott hat dir längst einen Engel gesandt« (ÖKT 93). An jeden Teilnehmer wird eine Kopie von einem »Engel für das Jahr« (Anselm Grün) zum Mitnehmen ausgeteilt.

Abschluss

Gemeinsames Gebet und Segen.

B38 Mit Maria preist den Herrn!

Themen	Licht, Jesus Christus, Josef, Maria, Prozession, Unterwegs
Symbol/Zeichenhandlung	Bilder
Zielgruppe	Ältere Gemeindeglieder/Gesamtgemeinde
Zeitpunkt	Mai oder Oktober
Dauer	Ca. 1,5 Stunde
Inhaltliches Ziel	In einer Marienprozession im Mai oder Oktober schauen wir auf das Leben Marias und ihre Bereitschaft, sich auf Gott einzulassen. Wir reihen uns mit Maria dabei in die Schar der Glaubenden ein, die letztlich Gott die Ehre geben
Bibelstelle	Bibelstellen (als Stationen) aus dem Leben Marias: Erste Station: Lukas 1,26–38 (Verheißung des Engels) Zweite Station: Lukas 1,39–45 (Maria bei Elisabeth) Dritte Station: Lukas 1,46–56 (Das Magnificat, ↗G) Vierte Station: Lukas 2,1–20 (Die Geburt Jesu) Fünfte Station: Lukas 2,21–40 (Darstellung des Herrn) Sechste Station: Lukas 2,41–52 (Der Zwölfjährige Jesus im Tempel) Siebte Station: Johannes 2,1–12 (Die Hochzeit zu Kana) Achte Station: Lukas 8,19–21(Die wahren Verwandten Jesu) Neunte Station: Johannes 19,25–28 (Maria unter dem Kreuz) Zehnte Station: Apostelgeschichte 1,12–14 (Maria in der Gemeinde) Elfte Station: Maria Himmelfahrt (keine Bibelstelle, stattdessen z. B. Text aus dem Katechismus) Zwölfte Station: Maria als Fürsprecherin (keine Bibelstelle, stattdessen z. B. Text aus dem Katechismus)
Material	Marienlied nach Lourdesmelodie (neuer Text, siehe Anhang zu diesem Baustein) als Kopien,

	Kerzen, 12 Bilder (Ikonen) vom Leben Marias gemäß der genannten Stationen, kleine Taschenlampe
Lieder/Musik	Lourdeslied (neuer Text, Anhang zu diesem Baustein) Magnificat (Taizé) Halleluja (H 25, 6.7) Halleluja (H 24, 7)
Vorbereitung	In der Kirche wird vor dem Altar eine Möglichkeit geschaffen, die Bilder gut sichtbar hinzustellen. Die Orte für die Stationen sollten vorher ausgesucht werden. In der Kirche können sie sich z. B. an Heiligenfiguren oder Orten orientieren, die im Leben der Gemeinde wichtig werden (Taufbrunnen, Portal, Tabernakel, etc.). Draußen sollte der Ort zur Sammlung einladen. Eine Station im Trubel der Stadt oder des Stadtteils kann auch passend sein, wird aber von Teilnehmern eventuell als peinlich empfunden.

Verlauf

Eröffnung

Der Beginn erfolgt in der Kirche mit Kreuzzeichen und einer kurzen Einführung zu dem, was folgt. Die Bilder zu den Stationen werden einzelnen Teilnehmer für den Weg mitgegeben. Sie werden so zu »Paten« der Stationen.

Prozession

Der Weg kann sowohl ein Gang durch die Natur, durch eine Parkanlage oder bei Regenwetter auch in der Kirche sein. Während der Prozession gibt es mehrere Stationen, an denen einzelne Strophen des Lourdesliedes gesungen werden.

Stationen

In zwölf Stationen wird das Leben Marias betrachtet. Jede Station kann aus folgenden Elementen bestehen:
Liedstrophe, Lesungstext, Stille, Bildbetrachtung, Fürbitte, Gebet – Gang zur nächsten Station.
Bei den einzelnen Stationen wird ein passendes Bild Marias gezeigt und zur Betrachtung eingeladen. Impulsfragen: ***»Was sehe ich auf dem Bild? Was stört mich? Was mag ich? Finde ich den gehörten Text im Bild wieder?«***. Eventuell könnte auch ein großes Bild den Gang und alle Stationen begleiten. Es würde dann je verschieden gedeutet oder einzelne Aspekte betrachtet werden. Eine kleine Taschenlampe kann dabei helfen, diesen Aspekt »ins rechte Licht zu rücken«. Bei allen Stationen werden unsere Alltagssituationen mit Marias Leben in Verbindung gebracht. Impulsgedanke: ***»Gibt es heute ähnliche Situationen? Hilft uns das, was wir von Maria gehört haben, dabei?«***
Die ersten zehn Stationen orientieren sich an oben genannten Bibelstellen. Da es für die Stationen elf (Maria Himmelfahrt) und zwölf (Maria als Fürsprecherin für uns Menschen) keine Bibelstelle gibt, empfehlen wir einen Blick in die entsprechenden Kapitel des »Katholischen Erwachsenen Katechismus« oder des »Katechismus der Katholischen Kirche«, deren Texte sich zum Teil als Meditationstexte nutzen lassen.

Abschluss

Die Bilder werden vor dem Altar aufgebaut. Nach einem gemeinsamen Lied oder Halleluja-Ruf folgt das Vaterunser, der Segen und ein Schlusslied.

Anhang zu Baustein 38

Lied: Maria, du bist mir im Glauben so nah ...

(nach der Melodie Lourdeslied)

Maria, du bist mir im Glauben so nah,
als Schwester in Christus ein Vorbild fürwahr.

Ref.: Ave, ave, ave Maria, ave, ave, ave Maria.

Als Gott dich erwählte, da sagtest du Ja,
warst allzeit bereit, empfangend ganz und gar. (Ref.)

Als jüdisches Mädchen gebarst du einen Sohn,
als Gott ihn erhöhte, war dir das der Lohn. (Ref.)

Als Kind schon im Tempel, ist Jesus zu Haus,
erläutert die Schriften, legt Gottes Wort aus. (Ref.)

Du suchst ihn drei Tage und sorgst dich um ihn,
doch er führt uns Menschen zu Gottes Haus hin. (Ref.)

In Kana ein Wunder, aus Wasser wurde Wein.
Gott setzt so ein Zeichen, unter Menschen will er sein.
(Ref.)

Prophetisch verkündend zog Jesus durch's Land,
als Herrn und Gesalbter hast du ihn bekannt. (Ref.)

Der Wille des Vaters ist Jesus vertraut,
du selbst zeigst dich offen, durch Gott auferbaut. (Ref.)

Verraten, verspottet, verurteilt – dein Sohn,
am Kreuz muss er sterben, erniedrigt vom Hohn. (Ref.)

Du leidest mit Jesus Gewalt und auch Schmerz,
das Bild deines Sohnes am Kreuz in deinem Herz. (Ref.)

Doch Gott lässt dem Tode, der Gewalt nicht die Macht
erweckt deinen Sohn ins Licht aus der Nacht. (Ref.)

So verkündest du Christus, deinen auferstand'nen Sohn,
in den Himmel aufgenommen, empfängst du deinen Lohn.
(Ref.)

Maria, du Schwester im Glauben, bet' für mich,
damit ich das Leben empfange ewiglich. (Ref.)

B39 Maria, Josef und Jesus – eine heilige Familie?

Themen	Jesus Christus, Josef, Maria, unterwegs
Symbol/Zeichenhandlung	Essen, kochen, Bilder
Zielgruppe	Junge Familien
Zeitpunkt	Sonntag im Mai oder Oktober, vom Vormittag bis zum späten Nachmittag
Dauer	5 Stunden
Inhaltliches Ziel	Ein Familientag soll den Zusammenhalt in der Familie stärken und Erziehungsfragen im religiösen Sinn in den Blick nehmen
Bibelstelle	Lukas 2,1–20 (Die Geburt), Lukas 2,21–40 (Darstellung im Tempel), Lukas 2,41–52 (Wallfahrt nach Jerusalem), Matthäus 1,1–17 (Der Stammbaum), Matthäus 1,18–25 (Die Geburt), Matthäus 2,13–15 und Matthäus 2,19–23 (Die Flucht nach Ägypten und zurück), Markus 3,31–35 (Die wahren Verwandten Jesu)
Material	Bild, auf dem zu sehen ist, wie Maria dem kleinen Jesus den Po verhaut; alte Tapetenrollen, Malstifte, Plakatkarton, dicke Stifte; alles für ein gemeinsames Mittagessen und für Getränke, kleine Snacks für eine kleine Rast unterwegs: alles für eine Heilige Messe/eine Wortgottesfeier im Freien
Lieder/Musik	Herr Jesus, Sohn Gottes (H 62) Einer hat uns angesteckt (H 51) Wenn wir das Leben teilen (H 63, U 47) Er hält die ganze Welt in seiner Hand (H III 34) Preiset den Herrn (SdH 23)
Vorbereitung	Ein großer Stuhlkreis wird aufgestellt.

Verlauf

Einstieg

Alle zusammen beginnen mit einigen Kennenlernspielen und fröhlichen Liedern.

Bildbetrachtung

Alle schauen sich das Bild an. Jede Familie überlegt für sich, wie sie das Bild erlebt (Motiv: Maria verhaut dem kleinen Jesus den Po). Austausch zwischen allen Familien im Plenum.

Arbeitsgruppen

Kindergruppe
Die Kinder gehen in eine eigene Gruppe mit entsprechender Aufsicht und Begleitung. Sie malen auf einer langen Tapetenrolle Szenen aus der Kindheit Jesu, die sie aus einer Kinderbibel vorgelesen bekommen. Wenn noch Zeit ist, können sie auch Szenen malen, die Jesus als Kind noch erlebt haben könnte. Ein Lied könnte eingeübt werden oder auch eine kleine Spielszene, aus dem wirklichen Leben Jesu oder wie er es vielleicht heute erleben würde.
Erwachsenengruppe
Die Eltern gehen in mehreren Arbeitsgruppen folgenden Fragen nach: **Erste Arbeitsgruppe**: Wie gelingt heute religiöse Erziehung in der Kindheit? (Lukas 2,21–40, Darstellung im Tempel); **Zweite Arbeitsgruppe**: Wie gehen wir heute mit Auseinandersetzungen mit unserem Kind um? (Lukas 2,41–52, Wallfahrt nach Jerusalem oder Markus 3,31–35, Die wahren Verwandten Jesu); **Dritte Arbeitsgruppe**: Wo kommen wir als Familie her – Familie früher und heute? Rolle der Männer und der Frauen? (Matthäus 1,1–17, Der Stammbaum); **Vierte Arbeitsgruppe**: Wie gehen wir mit Kri-

sen um (Matthäus 2,13–15 und 2,19–23, Die Flucht nach Ägypten und zurück)?
Es wird jeweils das Thema vorgestellt. Dann notiert der Gesprächsleiter auf einem Plakat unsortiert Stichworte und Gedanken, die den Teilnehmern zum Thema einfallen. Anschließend wird der biblische Text gelesen. Im Gespräch wird erarbeitet, ob sich aus dem Text hilfreiche Aspekte für die Fragestellung ergeben. Die Ergebnisse werden ebenfalls festgehalten.

Mahl halten

Zwischendurch gemeinsames Kochen und Mittagessen. Das Tischgebet sollte nicht fehlen.

Vorstellrunde

Nachmittags präsentieren die Kinder ihre Tapetenrolle und erzählen, was sie miteinander erfahren haben. Die Spielszene könnte aufgeführt und das gelernte Lied gesungen werden.

Unterwegs

Die Familien machen eine kleine Wanderung (max. 2 Stunden), die mit einer Rast (Vesperzeit) und einem gemeinsamen Familiengottesdienst, wenn möglich im Freien, schließt. Die Gesprächsergebnisse und die Bilder werden mitgenommen. Bibeltext für die Eucharistiefeier (oder Wortgottesfeier) könnte Lukas 2,1–20 (Geburt Jesu) sein. Jede Familie bekommt vor der Feier etwas Zeit, um ein »Familienmotto« zu gestalten, das sie dann in der Feier gemeinsam pantomimisch (als Gedicht/als Lied) vorstellt.

Abschluss

Es wird beraten, was mit den Ergebnissen der Arbeitsgruppen geschehen soll (z. B. nach Hause mitnehmen, in der Kirche ausstellen, zusammenfassen und später daran weiterarbeiten). Mit einem Lied und dem Segen schließt der Familientag.

B40 Haste Töne für Maria?

Themen	Apostel, Hanna, Jesus Christus, Josef, Maria, Simeon, Sterndeuter
Symbol/Zeichenhandlung	Singen, Musik, Lieder
Zielgruppe	Jugendchor, Kinderchor, Kirchenchor
Zeitpunkt	Samstag im Mai oder Oktober
Dauer	Mehrere Stunden
Inhaltliches Ziel	Der Sinn alter Marienlieder soll verstanden und für die heutige Zeit verlebendigt werden
Bibelstelle	Matthäus 1,18–25 (Die Geburt Jesu), Matthäus 2,1–12 (Die Sterndeuter), Matthäus 2,13–23 (Flucht nach Ägypten), Markus 6,1–6 (Jesus in seiner Heimat), Lukas 1,26–38 (Der Verheißung der Geburt Jesu), Lukas 1,39–56 (Maria bei Elisabeth), Lukas 2,1–20 (Die Geburt Jesu), Lukas 2,21–40 (Simeon und Hanna), Lukas 2,41–52 (Der zwölfjährige Jesu im Tempel), Johannes 2,1–12 (Die Hochzeit zu Kana), Johannes 19,16b–30 (Maria unter dem Kreuz), Apostelgeschichte 1,12–14 (Maria unter den Jüngern)
Material	Gotteslob, Papier, Stifte, Kopien der einzelnen Lieder für die Teilnehmer auf DIN A4, jeweils eine Kopie für die Gruppe auf DIN A3 oder größer, Auswahl der biblischen Texte auf jeweils einer Kopie, mindestens DIN A4, ggf. Laptop und Drucker
Lieder/Musik	GL 570 (Salve, Regina) – 603 (Der Herr hat Großes an dir getan) und Bistumsanhang
Vorbereitung	Stuhlreihen oder Stuhlkreis für das Plenum werden aufgestellt. Kopien der in der Eröffnung gelesenen Bibeltexte werden verteilt. Gruppenräume werden vorbereitet. Gegebenenfalls sollte im großen Raum ein Laptop, ein Drucker und ein Kopierer bereitgestellt werden, alternativ kann der Zugang zu einem entsprechend ausgestatteten und nahen Büroraum geklärt werden. Das abschließende Gebet kann im großen Raum oder in der Kirche stattfinden, die dann ebenfalls vorbereitet werden sollte.

Verlauf

Eröffnung

Mit dem Apostolischen Glaubensbekenntnis und dem anschließenden Hinweis auf die Nennung Marias beginnt der Tag. Einzelne Marienlieder werden vorgestellt und aus dem Gotteslob gesungen. Zwischen den Liedern wird eine passende biblische Lesung vorgetragen. Anschließend werden Interessengruppen zu den jeweiligen Liedern gebildet.

Gruppenarbeit

Die Kopien der Marienlieder werden den entsprechenden Kleingruppen mitgegeben. Farblich verschieden sollen die Gruppen im Text unterstreichen: A) Was ihnen gefällt, B) was ihnen nicht gefällt, C) über was sie gerne mal sprechen würden. A) und B) werden auf der großen Kopie gesammelt. C) wird besprochen und anschließend bei bleibenden Unklarheiten ebenfalls in die große Kopie übertragen. Das Lied wird dann in der Gruppe nochmals miteinander gesungen.

Zwischenstand

Die Arbeitsgruppen kommen zusammen und berichten von ihren ersten Ergebnissen und Erfahrungen. Impulsfrage: ***»Hat sich das Lied für euch schon verändert?«***. Zwischendrin werden die noch verbleibenden Texte aus der Bibel vorgelesen. Alle Texte verbleiben für die Gruppen zugänglich im Raum.

Schreibwerkstatt

Die Gruppen kommen wieder zusammen. Eventuell können einzelne Teilnehmer auch die Gruppe wechseln. Dann versucht sich die Gruppe an neuen Strophen, entweder mit ganz neuem Inhalt oder am alten Inhalt orientiert. Dabei kann es hilfreich sein, wenn man in weiteren Untergruppen jeweils nur eine Strophe umschreibt. Die Strophen und Lieder werden anschließend am besten auf einem Laptop zusammengeschrieben und für alle Teilnehmer kopiert oder ausgedruckt.

Gebet

Der Tag endet mit einem an der Marienvesper im Gotteslob orientierten Gebet, indem die neuen oder umgedichteten Lieder ihren Platz bekommen und gesungen werden. In einem Predigtgespräch könnten Eindrücke zu den neuen Liedern im Plenum ausgetauscht und überlegt werden, was mit den Neudichtungen geschehen soll.

B41 Der Hl. Thomas Morus – ein Heiliger bekommt Farbe

Themen Heilige, Jesus Christus, Thomas Morus, Namenstag

Symbol/Zeichenhandlung Malen, Bild

Zielgruppe Jugendliche

Zeitpunkt Nachmittag/Abend

Dauer 2 Stunden

Inhaltliches Ziel Der Schutzpatron (z. B. derjenige der KJG, der Hl. Thomas Morus) und dessen Leben soll den Jugendlichen aktuell und lebensnah vorgestellt werden

Bibelstelle Lukas 20,20–26 (Die Frage nach der Steuer)

Material Literatur zur Vorbereitung: J. Seuffert, Thomas Morus. Mosaik eines Mannes, München ^{2}1999; Bibel; Farbstifte, Karten mit Bild von Thomas Morus (Lucas Cranach) in Schwarzweiß zum Ausmalen, Stellwände; ggf. Verkleidungsmaterial für einen Maler und Thomas Morus; farbige Plakatkartons, mittelalterliche Musik, CD-Player, Klammern, Wäscheleine oder Klebstreifen zum Aufhängen der Karten

Lieder/Musik Wo Menschen sich vergessen (H 65, U 109)
Unsere Hoffnung bezwingt die schwarze Angst (H 109, U 24)
O Lord, hear my prayer (Taizé)
Weg aus der Dunkelheit (H 123)

Vorbereitung Im Raum bzw. in der Kirche wird ein Künstler-Atelier aufgebaut. Man sieht zwar den Maler, aber nicht seinen Gesprächspartner, sondern nur dessen Schatten, der dem bekannten Bild von Thomas Morus ähnelt. Das zu malende Bild ist ebenfalls nicht zu sehen. Es steht auf der Staffelei mit dem Rücken zu den Teilnehmern. Gegebenenfalls wird eine Wäscheleine für die Fürbitt-Karten gespannt.

Verlauf

Einstieg

Mittelalterliche Musik entführt die hereinkommenden Teilnehmer in die Zeit des 15./16. Jahrhunderts. Eventuell kann ein Erzähler auftreten, der die Szene erklärt.

Anspiel

Ein nachempfundenes Gespräch zwischen Thomas Morus und seinem Maler Lucas Cranach stellt die Lebenssituation des Heiligen dar und schafft einen mitunter humorvollen Bezug zur Gegenwart.

Katechese

Das Thema »Gemälde« wird aufgegriffen und Bedeutungsmöglichkeiten von verschiedenen Farben, auch im religiösen Sinne, besprochen.

Malen

Die Teilnehmer werden eingeladen, mit ihren »Lebensfarben« das Porträt von Thomas Morus auszumalen. Ein Gespräch über die Bilder kann sich anschließen.

Lesung

Lukas 20,20–26 (Die Frage nach der Steuer)

Katechese

Mit den Worten der Bibel soll in den Blick gerückt werden, dass es durchaus Fragen gibt, die unser Leben in der Gesellschaft und als Glaubende gleichermaßen betreffen. Zu einer Entscheidung aus dem Evangelium heraus soll ermutigt werden.

Abschluss

Um das deutlich zu machen, besteht die Gelegenheit, freie Fürbitten auf die nun bunten Thomas-Morus-Karten zu schreiben, sie aufzuhängen und/oder vorzulesen. Ein Vaterunser und der Segen schließen sich an.

B42 Die Hl. Elisabeth – Eine Königin zum Anfassen

Themen	Elisabeth von Thüringen, Heilige, Namenstag
Symbol/Zeichenhandlung	Segnen, Baumaterial, Schnuller, Ring, Rose, Waffe, Erste-Hilfe-Koffer, Rosenkranz, Kreuz, Kerze
Zielgruppe	Grundschulkinder der 3./4. Klasse
Zeitpunkt	Vor- und Nachmittag um den 19. November (Namenstag der Hl. Elisabeth)
Dauer	2–3 Stunden
Inhaltliches Ziel	Die Lebensumstände der Elisabeth von Thüringen und ihr »alternativer« Lebenswandel werden erlebbar gemacht
Bibelstelle	1 Johannes 3,16–18 (Liebe zum Nächsten) oder Lukas 6,35–38 bzw. Lukas 6,27–38 (Feindesliebe)
Material	Literatur zur Vorbereitung: R.-M. Müller/ M. Brommenschenkel, Abschied vom lieben Gott. Eine Einladung, Gott anders zu erfahren, Frankfurt ²2003, 91ff.; Holzklötze, Legosteine oder anderes Baumaterial, Dia und Diaprojektor, Verkleidungsmaterial, alles für ein einfaches Essen, eventuell mittelalterliche Musik, Symbole für Lebensweg der Elisabeth (s. u.)
Lieder/Musik	Wir feiern heut ein Fest (SdH 5) Liebe ist nicht nur ein Wort (H 52) Sind wir nicht alle Kinder des einen Vaters (H 101, U 100) Wenn das Brot, das wir teilen (H 73, U 130)
Vorbereitung	Raum mit Stuhlkreis, Material entsprechend vorbereiten, eventuell weiteren Raum für Festmahl und Küche zugänglich machen.

Verlauf

Einstieg

Die Kinder beschreiben, wie sie sich ein Schloss vorstellen. Nach der Beschreibung wird gemeinsam am Schloss gebaut, je nach Zeit z. B. aus Holzklötzen oder Lego. Bei vielen Kindern können auch mehrere Schlösser entstehen. Ein großes Bild (Dia/Folie) von der Wartburg stellt das Schloss der Elisabeth vor.

Stehgreifspiele

Wie lebte wohl eine Königin auf einem Schloss? Alle verkleiden sich mit einfachen Mitteln und spielen einige Szenen aus dem Leben auf einem Schloss, die die Kinder vorher beschrieben haben (z. B. Ritterspiele, Festmahl, Bittgesuche). Das Festmahl könnte auch als Pause genutzt und entsprechend ausgedehnt werden.

Lesung

1 Johannes 3,16–18 (Liebe zum Nächsten; oder Alternativauswahl)

Katechese/Rollenspiel

Mit dem Wort aus dem Lukasevangelium oder dem Johannesbrief wird anschließend deutlich gemacht, dass das Leben der Elisabeth anders werden sollte. Impulsfrage an die Kinder: *»Was könnte Elisabeth anders machen?«*. In einem (spontanen) Rollenspiel stellt eine Erwachsene die Hl. Elisabeth so dar, wie sie war, bzw. mit dem, was wir von ihr wissen. Die Kinder übernehmen weitere Rollen (z. B. Rosenwunder, Streit mit Hofbeamten).

Alternative:
Anhand von Symbolen und Altersangaben kann das Leben der Elisabeth kurz beschrieben werden: Geburt – Schnuller, Heirat – Ring, Rosenwunder – Rose, Vertreibung aus dem Schloss – Waffe, Hospitalbau – Erste-Hilfe-Koffer, Eintritt ins Kloster – Rosenkranz, Tod – Kreuz, Heiligsprechung – Kerze. Die Verkleidungen werden entsprechend dazu eingesetzt.

Fürbitten

Übertragung zur Gegenwart: Die Fragen: »Wo ist heute Not?«/»Was können wir tun?« werden in freien Fürbitten zum Ausdruck gebracht.

Abschluss

Im Segensgebet kommen die Gedanken und Erlebnisse zusammen. Wir bitten um Segen für unser Leben, für das der »Mächtigen« und das derjenigen, die Hilfe brauchen.

B43 Der Hl. Franziskus – Bunte Welt der Tiere (Gottesdienst im Zoo)

Themen	Franziskus, Heilige, Schöpfung, Tiere, Namenstag
Symbol/Zeichenhandlung	Tiere
Zielgruppe	Kinder einer Grundschule
Zeitpunkt	Vor- oder Nachmittag
Dauer	3 Stunden (mit Besuch des Zoos)
Inhaltliches Ziel	Mit dem Hl. Franziskus als Patron des Umweltschutzes soll Umwelt- und Tierschutz als »normale« Lebensweise des Menschen herausgestellt werden. (Namenstag: 4. Oktober)
Bibelstelle	Genesis 1,24–26 und/oder Genesis 2,18–20 (Die Erschaffung der Tiere)
Material	Literatur zur Vorbereitung: W. Nigg, Der Mann aus Assisi. Franziskus und seine Welt, Freiburg [11]1977, 28 ff.; Umhang oder einfache Kutte für Franziskus, Knetgummi, Interviewtext, Liedtexte und ggf. Instrumente
Lieder/Musik	Laudato si (H 92, U 68) Der Chaos schuf zu Menschenland (H 90, U 37) Mit der Erde kannst du spielen (H 94) Komm, bau ein Haus (H 88) Die Sonne hoch am Himmelszelt (H 96)
Vorbereitung	In Absprache mit der Parkleitung einen Sitzkreis im Freien oder in einem Schulungsraum vorbereiten.

Verlauf

Vorbereitung

Beim Ausflug in den örtlichen Zoo oder Tierpark (eventuell anderer Ort mit Tieren/Natur, z. B. private Vogelvoliere) wird viel über Tiere und ihre Lebensweise gesprochen, eventuell schon vorher im Schulunterricht. In Absprache mit der Parkleitung soll ein Ort gefunden werden, an dem man von anderen Gästen ungestört, aber doch in der Natur über die Eindrücke vom Park sprechen kann, am besten ungefähr zur Mitte der Besuchszeit (Mittagspause).

Einstieg

Aus Knetgummi formt jedes Kind sein Lieblingstier, das die anderen anschließend erraten.

Lesung

Genesis 1,24–26 und/oder Genesis 2,18–20 (Die Erschaffung der Tiere)

Katechese

Fragen: ***»Was heißt das: ›Über die Erde herrschen?‹ Kennt ihr gute und schlechte Beispiele dafür?«*** Eventuell wird auch die Situation im Zoo angesprochen. Dafür ist es gut, wenn ein Verantwortlicher des Zoos dabei sein kann.

Begegnung

Impulsfrage nach dem christlichen Umgang mit/in der Welt. Einer aus dem Team übernimmt diese Frage und stellt sie dem »Interviewpartner«, dem Hl. Franziskus. Dazu schlüpft ein anderer in die Rolle des Franziskus, legt den Umhang an und antwortet darauf: ***»Ich glaube, dazu kann ich etwas sagen.«*** In einem vorbereiteten Interview wird die Haltung des Franziskus zur Natur herausgearbeitet, über sein Leben erzählt und zugleich einige Tipps für heute mitgegeben.

Abschluss

Zum Abschluss wird der Sonnengesang gemeinsam gesungen; dann Kreuzzeichen und ggf. Fortführung des Zoo-Besuches.

B44 Charles de Foucauld – Seliger zwischen Warten und Aufbruch

Themen	Jesus Christus, Advent, Heilige, Charles de Foucauld, Anbetung, Eucharistie w), Namenstag, unterwegs
Symbol/Zeichenhandlung	Essen, trinken, warten, Gebäck, Lupe, Adventskalender, Altar, Tasse
Zielgruppe	Jugendliche (z. B. Messdiener) oder Erwachsene
Zeitpunkt	Nachmittags, um den 1. Dezember herum
Dauer	Ca. 2 Stunden
Inhaltliches Ziel	Die Teilnehmer sollen den Seligen Charles de Foucauld als Persönlichkeit kennenlernen, dessen Leben auch heute nachvollziehbar und interessant ist. Sein Leben zwischen Suchen, Warten, Aufbruch und Ankommen passt gut in den Advent, zumal sein Gedenktag der 1. Dezember ist
Bibelstelle	Offenbarung 21,3–7 (Die Wohnung Gottes unter den Menschen)
Material	Alles für ein Adventskaffeetrinken, Adventskalender, Lupe, Biografie über Charles de Foucauld
Lieder/Musik	Macht hoch die Tür (GL 107,1.2) Ohren gabst du mir (H 17) Suchen und fragen (H 68) Wenn wir das Leben teilen (H 63, U 47)
Vorbereitung	Raum für den Adventskaffee herrichten; Zugang zur Kirche und zur Orgelbühne (bzw. Alternativstelle in der Kirche, siehe Verlauf); Tabernakelschlüssel für kurze Anbetung (mit zuständigem Seelsorger abklären), ggf. Sitzgelegenheiten in der Kirche schaffen.

Verlauf

Erste Station: Mahl halten

Beginn ist ein Adventskaffee, wie er in vielen Gemeinden gefeiert wird, oft als (Kirchen-)Jahresabschluss oder Dankeschön. Gebäck und Getränke (Kaffee/Tee/Milch) werden von zu Hause mitgebracht, bei Jugendlichen ggf. auch kalte Getränke bereitstellen (Cola, Wasser). Gegen Ende wird das Mahlhalten und Essen als schön und notwendig betont und das Gebäck als Symbol für Gemütlichkeit und Freude vorgestellt. Impuls: ***»Immer nur Adventskaffee feiern geht nicht, wird langweilig und schal. Immer nur Party geht auch nicht. Lebenssinn kommt woanders her.«*** Ausschnitte aus der Biografie Charles de Foucaulds werden vorgelesen, wie er war als Lebemann und Soldat. Lied: »Macht hoch die Tür« (GL 107,1.2). Es geht weiter, ohne die Kaffeetafel wegzuräumen (nur Kerzen löschen!).

Zweite Station: Übergang

Die Gruppe versammelt sich im Treppenhaus (ggf. Eingangsstufen des Gemeindehauses oder der Kirche). Ein Adventskalender mit 24 Türen wird gezeigt. Impuls: ***»Stufen verbinden verschiedene Ebenen. Der Kalender zeigt die Tage bis Weihnachten an – wie 24 Stufen auf dem Weg zum schönsten Fest im Jahr. Auch das Leben hat viele Ebenen zu bieten. Erfahrungen und Begegnungen können uns zu einer neuen Lebenseinstellung verhelfen.«*** Auszüge aus der Biografie von Charles de Foucauld, besonders was er über seine Begegnungen mit dem Islam und seine Bekehrung zu Christus schreibt. Lied: »Ohren gabst du mir« (H 17).

Dritte Station: Suchen und warten

Die Teilnehmer kommen zur Orgelbühne (ggf. Turm oder anderer wenig zugänglicher Ort in der Kirche). Eine Lupe wird gezeigt. Impuls: *»Wir sind schon Kirche, in der Kirche, aber noch nicht am richtigen Ort. Manchmal ist noch nicht klar, wohin die Reise mit Gott geht, was er von uns möchte. Wir machen uns auf die Suche, verstecken uns aber auch nicht, wenn Gott uns sucht. Der Advent ist die Zeit der Suche, des Unfertigen, des Übergangs.«* Auszüge vom Leben Charles de Foucaulds an seinen verschiedenen Lebensorten: Frankreich, Kloster, Syrien, Nazareth, Algerien. Lied: »Suchen und fragen« (H 68).

Vierte Station: Ankommen

Es geht zum Altar in der Kirche. Er wird als Symbol für Christus vorgestellt. Er ist die Mitte der Kirche, Mitte seines Volkes. Lesung: Offenbarung 21,3–7 (Die Wohnung Gottes unter den Menschen). Impuls: *»Jesus ist nicht nur symbolisch gegenwärtig. Im Brot, das im Tabernakel aufbewahrt wird, und in den Menschen ist Christus heute und unter uns erfahrbar.«* Ausschnitt von Charles de Foucauld über seine Ansichten zu Christus, seine Haltung zur Eucharistie und den Menschen. Anschließend nach Möglichkeit einige Minute den Tabernakel und das Ziborium (↗G) für eine kurze Anbetung öffnen. Lied: »Wenn wir das Leben teilen« (H 63, U 47).

Fünfte Station: Heimisch werden

Es geht wieder zur Kaffeetafel. Eine benutzte Tasse (Teller) ist Symbol für den alltäglichen Kleinkram, die Arbeit und Verpflichtungen. Impuls: *»Gott ist nicht nur in den schönen und heiligen Augenblicken da. Auch der Alltag will in seinem Licht gesehen werden. Meine Aufgaben gehören dazu, damit ich zu dem Leben, das er mir geschenkt hat, ganz ja sagen kann.«* Ausschnitte von Charles de Foucauld über sein Leben mit den Tuareg und in Tamanrasset (Sahara, Algerien). Anschließend wird gemeinsam der Kaffeetisch aufgeräumt, gespült und die Räume wieder hergerichtet.

Register und Verzeichnisse

Register der Symbole, Handlungen und Themen

Handlungen

Gegenstände

Personen

Zeiten und Feste

Themen

Register der Zielgruppen

Kleinkinder

B5

Kinder

B3, B5, B12, B19 (ungetaufte und getaufte), B20, B21, B24, B25, B27, B36, B40 (Chor), B42, B43

Jugendliche

B1, B4, B7, B9, B10, B13, B14, B15, B17, B23, B25, B29, B30, B33, B40 (Chor), B41, B44

Junge Erwachsene

B1, B7, B10, B11, B17, B23, B28, B29, B30, B31, B33, B40 (Chor), B44

Erwachsene

B2, B8, B15, B18 (Eltern/Paten), B28, B29, B30, B32, B34, B37, B38 (Frauen), B40 (Chor), B44

Familien

B3, B6, B20, B21, B39, B44

Ältere Menschen

B6, B22, B26, B38

Kranke Menschen

B26, B27 (Kinder)

Alle Altersgruppen

B6, B16, B34, B35

Verzeichnis der Bibelstellen

Altes Testament

Neues Testament

Liste der verwendeten Liederbücher

EG: Evangelisches Gesangbuch, 1996.
EH: Erdentöne Himmelsklänge, Diözese Rottenburg-Stuttgart, 1995.
GL: Gotteslob, Katholisches Gebet- und Gesangbuch, 1975.
H III: Halleluja, Lieder für den Gottesdienst, Bistum Essen, 1983.
H: Halleluja, Lieder auf dem Weg des Glaubens, Bistum Essen, 1995.
KJG: Songbuch zwischen Ja und Amen, Bundesleitung der KJG, 1994.
KJG3: Songbook 3, KJG Bundesleitung, Düsseldorf, ^{3}1991.
LL: Lebenslieder, CVJM-Gesamtverband, 11991.
ÖKT: Gemeinsam unterwegs, Lieder und Texte zur Ökumene, Ökumenischer Kirchentag 2003.
S: Sing!, Das Jugendliederbuch, Bistum Limburg, 2004.
SdH: Singt dem Herrn (Schwerter Liederbuch), BDKJ Paderborn, 1990.
Taizé: Lieder der Ökumenischen Gemeinschaft Taizé (Frankreich), Auswahl aus den jährlich neu erscheinenden Liedheften.
T: Troubadour für Gott, Kolping-Bildungswerk Diözesanverband Würzburg e.V., ^{2}1991.
U: Unterwegs, Allgemeiner Cäcilienverband für Deutschland u.a., 1994.

Verzeichnis der verwendeten oder empfohlenen Literatur

- N. Allan, Jesus nimmt frei, Limburg 1999.
- R. Berger, Pastoralliturgisches Handlexikon, Freiburg ^{3}2005.
- D. Bonhoeffer, Widerstand und Ergebung. Briefe und Aufzeichnungen aus der Haft, Gütersloh 2002.
- A. Grün, 50 Engel für das Jahr, Freiburg 2007.
- R. Guardini, Von heiligen Zeichen, München 2004.
- D. Heller/R.-M. Müller (Hg.), Die Eine Taufe, Frankfurt a.M./Paderborn 2004.
- D. Husemann, Die archäologische Hintertreppe. Was Geschichte und Forschung über das Christentum verraten, Ostfildern 2007.
- Institut für Fort- und Weiterbildung (Hg.), Ich glaube. Handreichung zur Firmvorbereitung, München 1994.
- A. de Jésus, Charles de Foucauld. Auf den Spuren Jesu von Nazareth, München 2004.
- Katechismus der Katholischen Kirche: Neuübersetzung aufgrund der Editio typica Latina, München 2007.

– KJG-Bundesleitung (Hg.), Beten durch die Schallmauer, Neuss [10]1997.
– W. T. Küstenmacher, Simplify your life, Frankfurt [7]2002.
– M. C. Leitschuh u. a. (Hg.), Pray, Kevelaer 2004.
– R.-M. Müller/M. Brommenschenkel, Abschied vom lieben Gott. Eine Einladung, Gott anders zu erfahren, Frankfurt [2]2003.
– W. Nigg, Der Mann aus Assisi. Franziskus und seine Welt, Freiburg [11]1977.
– J. Permjak, Zu guter Letzt. Gute-Nacht-Geschichten für ein ganzes Jahr, Düsseldorf [1]1989.
– K. Rahner/H. Vorgrimler, Kleines Konzilskompendium, Freiburg 2008.
– H. Sachs/E. Badstübner/H. Neumann, Wörterbuch der christlichen Ikonographie, Regensburg 2004.
– J. Seuffert, Thomas Morus. Mosaik eines Mannes, München [2]1999.

Glossar

Aaronitischer Segen: Der Aaronitische Segen ist ein ritueller Segen aus dem Judentum, der auf eine Bibelstelle im Buch Numeri zurückgeht (Num 6,24–26). Mit den Worten dieses Segens soll Aaron, der Bruder des Mose, das Volk Israel segnen. In der evangelischen Kirche gehört er zum festen Bestandteil im Gottesdienst. Im katholischen Zusammenhang findet man ihn im Messbuch unter »Feierlicher Schlusssegen, Im Jahreskreis I«.

Agape/Agapefeier: (griechisch [gr.]/lateinisch [lat.]): Selbstlose Liebe zum Nächsten, die uns Christus vorgelebt hat. In der frühen Kirche auch Bezeichnung für ein gottesdienstähnliches Liebesmahl, u. a. auch mit Armenspeisung.

Benediktionale: (lat.) Buch mit Segen (von benedicere = segnen). Im Benediktionale befinden sich Segensgebete und Gottesdienstentwürfe für bestimmte Anlässe. Es ist in fast jeder katholischen Sakristei oder im Pfarrhaus zu finden.

Chrisam-Öl: (gr./lat.) Dieses Salböl findet Verwendung bei der Tauffeier. Es ist Olivenöl, das mit duftendem Balsam vermischt wird. Es symbolisiert die Zugehörigkeit zu Jesus Christus (Christus = Gesalbter) und zu seinem priesterlichen, königlichen und prophetischen Volk – das ist die Kirche.

Eucharistie: (gr./lat.) Danksagung. Die Eucharistiefeier bezeichnet sowohl den Mittelpunkt der Heiligen Messe, das Geschehen der Wandlung nach dem sogenannten Wortgottesdienst, als auch die gesamte Messfeier an sich.

Karwoche: Die Karwoche dauert von Palmsonntag bis Karsamstag vor Beginn der Osternacht. »Kar« kommt vom althochdeutschen »kara« = Trauer, Kummer, Sorge.

Lektionar: (lat.) Im Lektionar finden sich die Bibelstellen, die in der Heiligen Messe vorgelesen werden. Sie sind nach einer bestimmten Leseordnung sortiert, sodass man relativ leicht die jeweiligen Lesungen finden kann.

Magnificat: (lat.) Das Magnificat ist der Lobgesang Marias aus Lukas 1,46–55. Es wird in der Vesper, dem Abendgebet der Kirche, gebetet. Die Bezeichnung Magnificat kommt von den ersten Worten der Verse in der lateinischen Sprache: »Magnificat anima mea Dominum« (»Meine Seele preist den Herrn«).

Orantehaltung: (lat.) oratio = Rede, Gebet. Mit Orantehaltung bezeichnet man eine Gebetsaltung mit ausgebreiteten Armen nach vorne oder zur Seite. Der Priester betet in der Messe die für ihn vorgesehenen Gebete in der Orantehaltung, dazu auch das Vaterunser.

Roratemesse: Diese Votivmesse zu Ehren der Gottesmutter Maria wurde ursprünglich nur an den Samstagen des Advents gefeiert (z. T. auch »Engelamt« genannt). Heute darf sie an allen Tagen der Adventszeit bis einschließlich 16. Dezember gefeiert werden. Die Bezeichnung stammt von den lateinischen Worten des Eröffnungsverses aus Jesaja 45, 8 »Rorate, caeli, desuper« (»Tauet, ihr Himmel, von oben«).

Taizé: Dorf in Burgund/Frankreich. Nach dem Zweiten Weltkrieg gründete Roger Schutz (ursprünglich aus einer Initiative für deutsche Kriegsgefangene) die ökumenische Brudergemeinschaft von Taizé in dem gleichnamigen Dorf. Im Laufe der Jahre entwickelte sich Taizé mehr und mehr zu einem Anziehungspunkt besonders für Jugendliche aller Konfessionen und Länder. Vor allem die Gesänge aus Taizé sind in vielen Gemeinden bekannt und beliebt. Stark durch die Art und Weise der Gesänge in der französischen Kirche geprägt, bestechen sie durch ihre Eingängigkeit und Internationalität.

Universalienstreit: (lat./deutsch) Universalien sind allgemein gültige Aussagen zu bestimmten Dingen oder über bestimmte Eigenschaften der Dinge. Zum Beispiel kann »weiß« eine Beschreibung von verschiedenen Gegenständen sein, die eine bestimmte Farbe, nämlich die Farbe »Weiß« haben. Der Universalienstreit wurde vor allem in der Scholastik, also zwischen dem 11. und dem 14. Jahrhundert von verschiedenen Theologen (bzw. Philosophen) geführt. Streitpunkt war, ob es allgemeingültige Aussagen bereits an sich gibt oder nur im Hinblick auf die so bezeichneten Dinge und die allgemeingültigen Aussagen den Dingen damit nachgeordnet sind.

Ziborium: (gr./lat.) Das Ziborium ist das Aufbewahrungsgefäß für Hostien. Das Wort leitet sich vom Brauch her, von einem Überbau oder Baldachin des Altares (Kiborium) die geweihten Hostien in ein Gefäß herabhängen zu lassen. Erst später kam ein Fuß dazu, sodass sich ein Ziborium, mit Ausnahme des vorhandenen Deckels, kaum noch von einem in der Messe verwendeten Kelch unterscheidet.

Dank

Ein herzliches Dankeschön gilt all denen, die wissentlich oder unwissentlich bei der Entwicklung und Feier der Gestaltbausteine geholfen haben. Stellvertretend seien die Aktiven des Vereins »Krasse Kirche e. V.« (www.krasse-kirche.de) aus Essen genannt, denen wir manche Inspiration verdanken, außerdem Katharina P. und Karsten K. Nicht vergessen möchten wir Gregor und Kläre für ihre Gastfreundschaft und Bewirtung, wenn wir in Klausur gingen und uns in ihr Haus bei der Arbeit an diesem Buch zurückgezogen haben. Dank an Josef W. für sein konstruktives Korrekturlesen. Die Anfänge dieses Buches geht auf die Arbeit des früheren ökumenischen Arbeitskreises »Dialog und Praxis« zurück, mit dem wir an dem Buch »Die Eine Taufe« geschrieben haben. Darum zum Schluss ein Dank an diese Engagierten der Ökumene, die mittlerweile in alle Himmelsrichtungen verstreut sind.